全国工会工作指导用书

依据**中国工会十八大文件精神**组织编写

新时代
分工会主席
工作实务

（全新修订版）

● 徐晓菁　张　举◎编著 ●

人民日报出版社

图书在版编目（CIP）数据

新时代分工会主席工作实务 ／ 徐晓菁，张举编著. —
北京：人民日报出版社，2023.10
ISBN 978-7-5115-8011-5

Ⅰ.①新… Ⅱ.①徐…②张… Ⅲ.①工会工作-中
国 Ⅳ.①D412.6

中国国家版本馆 CIP 数据核字（2023）第 193687 号

书　　名：新时代分工会主席工作实务
　　　　　XINSHIDAI FENGONGHUI ZHUXI GONGZUO SHIWU
作　　者：徐晓菁　张　举

出 版 人：刘华新
责任编辑：刘天一　李　芳
封面设计：陈国风

出版发行：人民日报出版社
地　　址：北京金台西路 2 号
邮政编码：100733
发行热线：（010）65369527　65369846　65369509　65369510
邮购热线：（010）65369530　65363527
编辑热线：（010）65363105
网　　址：www.peopledailypress.com
经　　销　新华书店
印　　刷　北京柯蓝博泰印务有限公司

开　　本：170mm×240mm　　1/16
字　　数：230 千字
印　　张：14.75
版次印次：2024 年 5 月第 1 版　　2024 年 5 月第 1 次印刷

书　　号：ISBN 978-7-5115-8011-5
定　　价：69.80 元

前　言

　　如何当好分工会主席？一般来说，分工会主席应做到：坚定地站在职工立场上，自觉贯彻党和国家制定的路线、方针、政策，遵守法律法规；坚决维护职工的合法权益、竭诚为职工服务；全身心地热爱工会工作，有高度的事业心和责任感，敢于为职工说话，做到代表群众、服务群众与教育群众相统一；自觉约束自己的行为，调整好与领导、职工群众的关系，不谋私利，主持正义，平等待人。

　　同时，分工会主席必须具备系统的工会专业知识。由于分工会主席的活动范围大多在分公司（厂）、车间（科室）等单位，分工会工作主要是组织职工参加民主管理、协调劳动关系、调动职工劳动积极性、提高劳动效率等，因此，分工会主席还应具备劳动法律、企业管理等方面的基础知识。

　　由于劳动关系在市场化改革过程中日益复杂化和多样化，职工的权益被侵犯现象时有发生，分工会组织的协调作用更为重要。分工会主席要积极参政议事，以职工代表者的身份协调劳动关系，解决劳动过程中出现的矛盾，维护劳动者的利益，保护劳动者的积极性。同时，分工会主席要顾全大局、创先争优，要时时把握"促进企业发展，维护职工权益"的工会工作原则。基层工会组织是企业的重要组织机构，如何做好分工会工作，是目前工会的重要话题。

　　本书由安徽省总工会干部学校教师徐晓菁、张举编写。全书共九章，力求以生动、浅显、通俗的语言对分工会主席如何搞好分工会日常工作进行阐释，并借助可操作性例文加以引导，以期对分工会主席有所启迪和教益。作者编著此书时参阅了相关文件、文章和著作，且引用了一些相关资料，在此一并对相关作者表示深深的谢意。

目 录

第一章

加强分工会组织建设

　　加强分工会组织建设是夯实工会基础的必然要求。工会履行各项社会职能，开展大量群众活动，都需要分工会组织具体落实。广大职工群众也正是通过分工会组织的工作，来进一步认识工会、了解工会，参与工会活动，并感受分工会组织的实际作用的。分工会组织设置与组建的目的就是更好地维护职工合法权益，共谋企业健康发展。

第一节　分工会组织的设置、构成与组建程序

分工会组织是处于基层工会和工会小组之间的一级工会组织，是基层工会的中间环节，具有承上启下的重要作用，是落实分工会各项工作的组织者、推动者和实践者。加强分工会组织规范化建设是夯实工会基础的必然要求。分工会组织工作是工会日常工作的重要组成部分，是工会自身建设的一项基础工作，是工会开展工作的重要保证。它通过建立健全分工会组织，发展壮大会员队伍，制定组织原则和组织制度，加强分工会领导班子和干部队伍建设，为分工会创建提供组织保证。

一、分工会的组织设置

《中国工会章程》第三十条规定："基层工会委员会根据工作需要，可以在分厂、车间（科室）建立分厂、车间（科室）工会委员会。分厂、车间（科室）工会委员会由分厂、车间（科室）会员大会或者会员代表大会选举产生，任期和基层工会委员会相同。"基层工会组织根据工作需要，按企事业单位、经营管理机构的设置、职工人数的多少和分布情况，建立分厂、车间（科室）分工会委员会，企业将分厂、车间（科室）的分工会委员会称为分工会。在实际工作中，企业分厂、车间（科室）的分工会委员会，与基层工会委员会的职能和性质相同。分厂和车间（科室）分工会的成立，可以先由基层分工会筹备组负责发展会员，再由会员选举分厂和车间（科室）分工会委员会委员，成立分厂和车间（科室）分工会，也可以先由筹备组发展少数会员，成立临时分厂和车间（科室）分工会，再由临时分厂和车间（科室）分工会负责发展会员，最后由会员选举分厂和车间（科室）分工会委员会委员，正式成立分厂和车间（科室）分工会。

二、分工会的组织构成

分工会的组织构成包括分工会会员大会或会员代表大会以及由其选举产生的分工会委员会和经费审查委员会（小组）。分工会会员大会或会员代表大会是分厂、车间（科室）一级工会的权力机构，分工会委员会是分厂、车间（科室）一级工会的领导机构。分工会实行同级党组织和上级工会双重领导，以同级党组织领导为主的原则，同时依照法律和工会章程的规定，独立自主地开展工作，并应取得本单位职工的信任与支持。《中国工会章程》第三十条规定："基层工会委员会和分厂、车间（科室）工会委员会，可以根据需要设若干专门委员会或者专门小组。"根据这一规定，一般分工会可设立财务委员、组织委员、纪律委员、民主管理委员、劳动关系协调委员、女职工委员等负责具体事务。基层分工会委员会、常务委员会和主席、副主席以及经费审查委员会的选举结果报上一级分工会批准。同时，还可按照生产（行政）班组建立工会小组，民主选举工会小组长，积极开展小组工会活动。

三、分工会的组建原则和程序

（一）建立分工会组织应遵循的原则

建立分工会组织应遵循的原则主要包括以下几个方面。

1.坚持党的领导的原则

建立基层工会组织是党的工作的重要内容，是与党建工作紧密联系的，必须在党的领导下进行。只有坚持党的领导，才能保证基层工会组建工作的正确方向，才能顺利推进基层工会组建工作。

2.坚持"哪里有职工，哪里就要依法建立工会组织"的原则

工会是职工自愿结合的工人阶级的群众组织，具有广泛的群众性。无论是什么所有制企业性质的企业，都要尊重职工依法参加和组织工会的权利，凡是有职工的企业，都应当建立工会组织，任何组织和个人不得阻挠和限制。要最广泛地把职工群众组织到工会中来。

3.坚持依法建会的原则

建立分工会组织必须严格遵循《工会法》和《中国工会章程》的规定，工会委员会、经费审查委员会及主席、副主席和经费审查委员会主任、副主任必须民主选举产生。未按照规定成立的组织，不得称为分工会组织。

4.坚持依靠职工群众组建工会的原则

工会是职工自愿结合的工人阶级的群众组织，是代表和维护职工利益的组织，必须坚持职工组建工会的原则，不得依靠某种行政指令。上级工会有支持帮助职工组建工会的权利和责任，但这只能是"帮助"，而绝不是"包办""代替"。

5.坚持报上一级工会批准的原则

按照《中国工会章程》和《工会基层组织选举工作条例》的有关规定，组建基层工会和各级工会委员会的选举结果，必须报上级工会批准。选举结果经上级工会批准后，才能宣布工会组织正式成立。未经上级工会批准成立的组织，不得称为工会组织。

（二）分工会组织建立的程序

按照《中国工会章程》的规定，建立分工会组织的一般程序如下。

1.成立工会筹备组，提出建会申请，发展会员

凡是已经建立党组织的基层单位由分公司（车间、科室）党组织提出工会筹备组的组成人选，报上一级工会批准。没有建立党组织的分公司（车间、科室），由分公司（车间、科室）职工选出自己的代表，向上一级工会提出建会申请，或由上一级工会与相关单位和职工共同协商，成立工会筹备组，由工会筹备组提出建会申请。上级工会接到基层单位申请组建工会的请示后，一般应在十日内以正式文件下达同意筹备工会的批复。工会筹备组经上一级工会审查批准后，即可开展工会组织的筹建工作，依此代行好基层工会委员会的职责。

一是做好宣传发动工作。筹备工作组应广泛深入地向职工宣传工会的性质、地位、任务、作用以及会员的条件、权利和义务，使职工了解工会

是职工利益的代表者和维护者，组建工会是职工的法定权利。

二是发展工会会员。在发展工会会员时，对从未加入过工会组织的职工，要宣传动员他们加入工会，填写《中华全国总工会入会申请书》和《工会会员登记表》，经工会筹备组审查符合工会会员资格者，在正式成立工会后，统一发放《中华全国总工会会员证》。对原已加入工会的职工、下岗再就业的会员，应进行会员关系接转或重新登记入会。

三是建立工会小组。按生产工作的行政建制（如班组）设立工会小组。人数多的同一行政建制内可以分设小组，人数少的可以将几个相近的行政建制单位合并设立一个工会小组。在小组内由会员民主选举工会小组长。

2.召开分工会会员大会或会员代表大会，民主选举分工会委员会

分工会会员代表大会的会员代表应由会员民主选举产生。分工会会员代表大会代表一律采取无记名投票方式差额选举产生。分工会会员代表候选人必须获得选举单位全体会员过半数选票，才能当选为正式代表。分工会委员会由分工会会员大会或会员代表大会民主选举产生。分工会委员会委员名额，应依据会员人数多少来确定：25人以下的，可以单独建立工会基层委员会，也可以由两个以上单位的会员联合建立工会基层委员会，也可以选举组织员或者工会主席1人，主持基层工会工作；25~200人的，设工会委员3~7人；201~1000人的，设工会委员7~15人。分工会委员会的候选人，由工会小组或车间（科室）工会提名，经同级党组织和基层工会同意后确定；未建立同级党组织的，经上一级党组织和工会同意后确定。分工会委员会委员经无记名投票方式差额选举产生，差额比例为5%~10%。分工会一般要召开全体会员大会，选举产生分工会主席。

3.选举分工会主席、副主席

分工会主席、副主席候选人，应由同级党组织和基层工会在充分听取会员意见的基础上协商提名。基层情况比较复杂，候选人提名应区别不同单位和企业的不同所有制性质加以把握。如国有、集体及其控股企业分工会主席候选人，应由同级党组织和基层工会在充分听取会员意见的基础上协商提名。私营企业、外商投资企业、港澳台商投资企业分工会主席候选

人，由会员民主推荐，报经企业党组织和上一级工会同意提名；也可以由基层工会推荐。企业行政负责人、合伙人及其近亲属不得作为本企业分工会委员会成员的人选。分工会主席、副主席可以由分工会会员大会或会员代表大会直接选举产生，也可以由分工会委员会选举产生。

4.向基层工会报告选举结果

按照《工会法》和《中国工会章程》《工会基层组织选举工作条例》的相关规定，国有企业分工会会员大会或会员代表大会选举出的企业分工会委员会委员、主席、副主席，按干部管理权限，报同级党组织和基层工会审批；非公有制企业，其工会会员大会或会员代表大会选举出的企业分工会委员会委员、主席、副主席，报基层工会审批。基层工会和党组织应在15日内给予批复。

（三）分工会直接选举分工会主席的主要程序和方式

分工会直接选举分工会主席，是指分工会通过召开分工会会员大会或会员代表大会，由会员（代表）直接投票选举产生分工会主席、副主席的选举方式。分工会直接选举分工会主席，一般在会员人数比较少的具备条件的基层单位实施。主席候选人的产生、选举的程序和方式主要有以下方面。

1.产生候选人

选举方式由党组织提出分工会主席、副主席的基本条件，向本单位全体会员公布。

2.选举实施过程在充分酝酿和了解的基础上，可以采取以下几种选举方式

（1）不提名候选人，由会员（代表）大会通过无记名投票方式直接选举产生分工会委员会委员和主席、副主席。在获得法定有效票数的被选举人中，按得票多少确定分工会主席、副主席和工会委员会委员。

（2）召开会员（代表）大会，以无记名投票方式，采取差额选举的办法选举工会委员会委员；把选举产生的分工会委员会委员全部作为分工会主席、副主席候选人，由会员（代表）大会以无记名投票方式选举产生分工会主席、副主席。

（3）先推荐产生分工会主席、副主席候选人，由会员（代表）大会通过无记名投票方式差额选举产生分工会主席、副主席；或者通过会员（代表）大会，先采取差额选举的办法进行预选，产生分工会主席、副主席候选人，再由会员（代表）大会等额选举产生分工会主席、副主席。

四、分工会会员大会或会员代表大会制度

（一）分工会会员大会或会员代表大会

1.分工会会员大会或会员代表大会的性质

分工会会员大会或会员代表大会是分工会的权力机构。会员人数较少的分工会召开会员大会，会员人数较多的分工会召开会员代表大会。会员大会或会员代表大会是工会的一项根本性的制度。分工会会员大会或会员代表大会，是同级工会的最高领导机关，是分工会讨论、决定工会重大事项和选举分工会领导机构的权力机关。

2.召开会员大会或会员代表大会的主要依据

应视会员人数的多少和分布情况而定。通常情况下，会员100人以下的基层分工会，应召开会员大会。会员200人以上的分工会，一般应召开会员代表大会。会员100人到200人的分工会，可以召开会员大会也可以召开会员代表大会。有些分工会会员人数虽然不足100人，但会员的工作驻地比较分散，有的还"三班倒"，不便集中，召开会员大会确实有困难，经上一级工会批准，也可以召开会员代表大会。

3.分工会会员大会或会员代表大会的职权

（1）审议和批准分工会委员会的工作报告。

（2）审议和批准分工会委员会的经费收支情况报告。

（3）选举分工会委员会。

（4）听取分工会主席、副主席的述职报告，并进行民主评议。

（5）撤换或者罢免其所选举的代表或者分工会委员会组成人员。

（6）讨论决定分工会工作的其他重大问题。

(二) 分工会会员大会或会员代表大会的筹备工作

1.提出请示

召开分工会会员代表大会,应由分工会委员会向同级党委和基层工会写出书面请示报告,待批准后方可进行筹备工作。

2.建立筹备机构大会筹备机构

一般设组织组、文件组、会务组、宣传组等筹备机构,在分工会委员会的领导下,负责大会的各项筹备工作。

3.起草文件

起草的文件包括分工会委员会工作报告、分工会委员会财务工作报告、经费审查委员会工作报告、代表大会筹备工作报告,以及需要提交大会讨论的决议草案。

4.组织代表选举会员代表

会员代表的组成,应有广泛的群众性和代表性。分工会会员代表的产生,应按照代表的名额和代表的条件由班组(工会小组)会员选举产生。会员代表选出后,将代表名单提交基层工会委员会进行代表资格审查。分工会会员代表大会不设代表资格审查委员会。

5.编制代表花名册

会员代表选出后,按车间(科室)编制会员代表花名册,以便会议查用。

6.提出主席团组成方案

提出大会代表团(组)和大会主席团组成方案。代表大会的代表根据代表人数多少,可分成若干代表团(组),一般以班组为单位,代表团长(组长)原则由代表团(组)全体代表选举产生,也可先由大会筹备机构提出建议名单,再由代表团(组)全体代表选举产生。大会主席团成员由基层工会委员会提出建议名单,征求各代表团(组)同意后,提交代表大会预备大会表决通过。

7.酝酿候选人名单

酝酿分工会委员会委员、主席、副主席候选人预备名单,并报同级党组织和基层工会同意。

8.编写候选人简历

编写分工会委员会委员候选人名册和简历。分工会委员会委员候选人确定后，要编写候选人名册和简历，供大会代表讨论时用。

9.提出大会监票、计票人名单

提出大会监票、总监票、计票、总计票人建议名单。

10.展开宣传

分工会会员代表大会召开前，要向分公司（厂）、车间（科室）全体职工宣传召开会员代表大会的目的、意义，宣传会员代表大会的任务、作用，动员分公司（厂）、车间（科室）全体职工和全体代表积极参与大会的各项准备工作，确保大会的顺利进行。

11.会务筹备

大会的会务筹备工作主要包括：大会议程、日程的安排；会议证件的制作；会议文件、选票的印制；选举票箱的准备；会场的布置以及其他需要准备的工作。

（三）会员大会或会员代表大会的议程

根据分工会会员大会、会员代表大会的不同，分工会会员的多少以及分工会的具体情况，议程可简可繁。

1.预备会议

预备会议由分工会委员会主持。主要议程是：通过代表大会筹备工作报告和代表资格审查报告；通过大会主席团和大会秘书长名单；通过大会日程和议程；通过大会选举办法；通过其他需要在大会上形成决议的重要内容。

2.开幕会

开幕会由大会执行主席主持。主要议程是：上级领导、同级党政及有关方面代表致辞；上届分工会委员会做工作报告、财务工作报告。

3.组织讨论工作报告

组织代表团（组）讨论上届分工会委员会工作报告、财务工作报告。

4.酝酿通过候选人

酝酿通过分工会委员会委员候选人名单。

5.选举代表

大会选举工作由一名执行主席主持。主要程序是：宣读大会选举办法；宣布应出席和实出席的会员代表人数；通过监票人、计票人；宣布分工会委员会委员候选人名单，并介绍候选人的简历及有关情况；分发、填写选票，清点、统计选票；宣布分工会委员会委员。分别召开新选举产生的分工会委员会第一次全体委员会议，选举产生分工会主席、副主席。分工会主席、副主席也可以由分工会会员代表大会直接选举产生。

6.闭幕会

代表大会闭幕会的主要程序是：宣布新当选的分工会委员会主席、副主席名单；通过上届分工会委员会工作报告、财务工作报告的决议；有关方面领导讲话。

7.届期内会议

届期内的分工会会员代表大会一般每年召开一次。其主要议程是：审议和批准分工会委员会的工作报告；讨论并决定分工会工作的重大问题；对分工会领导人进行民主评议和民主测评；补选、增选分工会委员会的成员；选举出席基层工会代表大会的代表。

第二节　分工会的任务、地位和作用

分工会是基层工会组织机构中上传下达、沟通工会与职工群众联系的中间环节，它担负着贯彻执行基层工会委员会决议、加强对分工会各工作委员会（小组）和工会小组的领导，了解职工群众的愿望和要求，发动组织广大工会积极分子完成分公司（厂）、车间（科室）各项任务的重要职责。

一、分工会的基本任务

依据《中国工会章程》《企业工会工作条例》等的相关规定和分工会组织的实际情况，基层工会的基本任务如下。

（一）执行会员大会或会员代表大会的决议和上级工会的决定。

（二）组织职工依法通过职工代表大会或职工大会和其他形式，参加企业民主选举、民主协商、民主决策、民主管理和民主监督，检查督促职工代表大会或职工大会决议的执行。

（三）帮助和指导职工与企业签订劳动合同。就劳动报酬、工作时间、劳动定额、休息休假、劳动安全生产、保险福利等与企业平等协商、签订集体合同，并监督集体合同的履行。调解劳动争议。

（四）组织职工开展劳动和技能竞赛、合理化建议、技能培训、技术革新、技术协作等群众性经济技术创新活动。

（五）组织培养、评选、表彰劳动模范，负责做好劳动模范的日常管理工作。

（六）对职工进行思想政治教育，组织职工学习文化、科学和业务知识，提高职工素质。办好职工文化、教育、体育事业，开展健康的文化体育活动。

（七）协助和督促企业做好劳动报酬、劳动安全卫生和保险福利等方面的工作，监督有关法律法规的贯彻执行。参与劳动安全卫生事故的调查处理。协助企业办好职工集体福利事业，做好困难职工帮扶救助工作，为职工办实事、做好事、解难事。

（八）维护女职工的特殊权益。

（九）加强组织建设，健全民主生活，做好分工会会员会籍管理工作。

以上基本任务是对基层工会组织提出来的，对于分工会也具有普遍的指导意义。但是由于我国基层分工会组织类型较多、情况复杂、工作基础参差不齐，具体到每一个分工会组织是全面抓还是有重点地抓，则需要认真研究。

总之，要根据不同地区、不同基层、不同分会、不同时间出发，实事求是，具体问题具体分析，注重工作实效，只有这样，分工会组织才能履行好自身的职责，完成好应当承担的工作任务，充分发挥好应有的作用。

二、分工会的地位

（一）基层工会组织的地位

基层工会组织的地位，是指基层工会在国家政治、经济、社会中所处的位置，它由工人阶级的地位、工人阶级政党的地位、国家的性质所决定，是由法律所确认和保障的。它包括政治地位、经济地位和法律地位。

1.工会的政治地位

我国基层工会的政治地位表现在它与党和政府的相互联系之中，并且与人民民主专政的国体相适应。工会在国家政治生活中处于基础地位，作为党联系职工群众的桥梁和纽带，是执政党的阶级基础——工人阶级的群众组织；工会的职责是充分发挥国家政权的重要社会支柱作用，维护工人阶级领导的、以工农联盟为基础的社会主义国家政权。社会主义国家必须依靠最广大职工群众的支持，工会正是提供这种群众基础的重要组织形式。工会之所以能成为党和国家政权的基础，并享有广泛参与国家和社会事务管理的权利，是因为工会具有职工群众合法权益代表者的身份，工会在维护工人阶级的根本利益和全国人民的整体利益的同时，能更好地代表和维护职工群众的具体利益。

2.工会的经济地位

基层工会的经济地位体现在劳动关系领域中。社会主义市场经济的发展尤其是劳动力市场的运作，离不开劳动关系的协调与稳定。这就要求在劳动关系的调整过程中，工会作为劳动者合法权益的代表者和维护者，在与资产所有者和经营管理者相互交往中应当处于平等的地位。在社会经济活动中，劳动关系双方地位的平等是社会主义市场经济的必然要求，也是工会社会政治地位和法律地位的客观要求。但是，在经济运行和管理过程中，劳动者与用人单位之间的权利义务关系事实上的不平等无法避免，这就需要通过工会来协调劳动关系，追求和实现劳动者的基本权益和具体权益。

3.工会的法律地位

工会的法律地位是工会政治地位和经济地位在法律上的确认和体现。在我国法律制度中，工会的法律地位又集中体现在工会的法定权利与义务以及工会的法人资格等方面。体现工会法律地位的五项权利是：工会的代表权、维护权、参与权、协商谈判权和监督权。体现工会法律地位的三项义务是：维护国家政权，支持协助企事业行政工作；动员和组织职工参加社会主义经济建设；教育职工、提高职工素质。工会的法人资格是工会法律地位的具体化和实现条件，工会的法人资格是工会在民事活动中具有的与其他法人平等的地位，为工会的现实地位提供了国家法律的保障，表明在社会经济利益关系中工会是相对独立的组织，是通过法定代表人即工会主席加以体现。

总之，随着我国劳动关系市场化程度的不断提高，工会在协调劳动关系，维护职工合法权益中的作用将越来越明显，地位也会越来越突出，成为推进改革、促进发展、维护稳定的一支重要力量。

（二）分工会的地位

1.分工会在基层工会组织结构中的地位

分工会组织存在于基层企事业单位中，是所在基层企事业单位职工自愿结合的工人阶级群众组织，分工会组织的性质和所处环境决定了分工会组织应当是所在基层企事业单位职工群众利益的代表者和维护者，是党联系职工群众的桥梁纽带和行政的支持者和合作者。

分工会组织在基层企事业单位的地位及其担当的角色要求是：一是参与信息体系的运行，切实了解和把握职工的意愿和要求，畅通利益诉求机制，充分表达职工群众的具体利益；二是参与决策体系运行，分工会要代表职工群众行使民主权利，参与本级及基层企事业单位的管理，加强源头参与，使行政的决策更能体现职工群众的利益；三是参与监督体系的运行，代表和组织职工搞好民主监督。上述这些要求，正是分工会组织地位的充分体现。

基层工会组织的结构一般分为三级，即基层工会、分工会和工会小组。从这一结构中可以看出，分工会组织既是基层工会组织的重要组成部分，又是基层工会与工会小组的中间环节，基层工会的日常工作都需要通过分工会落实到工会小组及每一个职工。因此，分工会组织及其开展的工作在整个基层工会结构和全部工作中占有十分重要的地位，发挥着特有的作用。分工会组织及分工会工作是基层工会组织和工作的基础。从组织结构上看，分工会比基层工会更处于工会组织的前沿位置。从职责任务上看，分工会是党的工运方针政策和基层工会工作任务在基层落实的组织者和实施者，是基层工会各项工作部署和要求的承载者和实践者，是职工群众合法权益的直接表达者和维护者。分工会工作做得好不好，直接关系到基层工会工作任务的落实，关系到基层工会工作的根基。从工作对象上看，分工会最贴近职工群众，与职工群众联系最紧密，是职工群众呼声要求的第一知情人、第一报告人、第一关心人和第一帮扶人。因此，分工会组织及其开展的工作，应当成为基层工会组织及工会工作的坚实基础。

2.分工会的地位有法律保障

分工会组织是依照法律和《中国工会章程》建立的，因此其地位和权利的行使有法律保障。《劳动法》第七条规定："劳动者有权依法参加和组织工会。"第七条还规定："工会代表和维护劳动者的合法权益，依法独立自主地开展活动。"《企业法》第十一条规定："企业工会代表和维护职工利益，依法独立自主地开展工作。企业工会组织职工参加民主管理和民主监督。"《公司法》第十八条规定："公司职工依照《中华人民共和国工会法》组织工会，开展工会活动，维护职工合法权益。公司应当为本公司工会提供必要的活动条件。"《工会法》第三条规定：" 在中国境内的企业、事业单位、机关、社会组织（以下统称用人单位）中以工资收入为主要生活来源的劳动者，不分民族、种族、性别、职业、宗教信仰、教育程度，都有依法参加和组织工会的权利。任何组织和个人不得阻挠和限制。"第十三条规定："任何组织和个人不得随意撤销、合并工会组织。"《中国工会章程》第三十条规定："基层工会委员会根据工作需要，可以在分厂、车间（科室）建立分厂、车间（科室）工会委员会。分厂、车间（科室）工会委员会由分厂、车间（科室）会员大会或者会员代表大会选举产生，任期和基层工会委员会相同。"以上这些法律和章程的规定，以法律和法规的形式确立了我国基层企事业单位分工会组织的法律地位，并为这种地位的实现提供了有力的法律保障。

三、分工会的作用

分工会组织的作用是指分工会组织及其活动对基层工会工作和职工群众所产生的影响。分工会组织的作用是由分工会组织的地位和工会自身性质、基本职责及职能决定的，并受其所处环境的制约。我国工会基本职责是维护职工合法权益，同时具有建设、参与、教育等职能。分工会组织处于基层工会工作的前沿，直接面对基层一线广大会员和职工。因此，分工会组织的作用就是要结合基层的实际情况，履行好自身的基本职责和各项职能，从而维护好职工权益，促进企事业单位发展，实现双赢。具体来说，分工会组织的作用体现在以下几方面。

（一）分工会的"桥梁纽带"作用

在社会层面，工会发挥"桥梁纽带"作用就是不断沟通党、政府与职工群众之间的联系。一方面，通过源头参与把职工的意愿和要求反映上来；另一方面，通过教育和宣传等手段，把党的方针政策及政府的主张及时向职工群众传达和沟通。在企业层面，工会组织发挥"桥梁纽带"作用就是通过沟通的方式双向传递信息。一方面使企业管理层能够了解广大职工群众的愿望、意见和要求，增加决策的透明度和准确度；另一方面使职工群众了解企业的发展状况，提高职工群众参与企业管理的积极性、主动性和工作热情。

（二）分工会的协调作用

发挥分工会在协调劳动关系中的作用，解决各种矛盾，有助于企业的发展和社会的稳定。在我国社会经济转型时期，分工会协调劳动关系作用是其他组织不可替代的。由于劳动关系在市场化改革过程中日益复杂化和多样化，劳动者权益被侵犯现象时有发生。分工会发挥协调作用，就是以职工代表者的身份，协调劳动关系，解决劳动过程中出现的矛盾和问题，维护劳动者的利益，保护劳动者的积极性。分工会在参与协调劳动关系和处理劳动争议过程中，应正视矛盾，广泛听取职工的意见，支持职工的合理要求，对于一些条件暂时不具备且难以实现的要求，应及时向职工说明情况，使之放弃过高或不合理的要求，从而把工会代表职工和教育职工两方面的作用结合起来。

（三）分工会的教育作用

教育职工不断提高思想道德、技术业务和科学文化素质，加强对职工的思想道德和技术业务、科学文化教育，使职工成为有理想、有道德、有文化、有纪律的劳动者，是工会必须尽到的职责。工会必须坚持不懈地通过各种形式，对职工进行爱国主义、集体主义、社会主义核心价值观的教育，激励职工的主人翁精神；同时，加强对职工的科学、文化、技术知识的教育，使广大职工增长生产建设的才干，这是一项重要的战略性任务，对建设一支有理想、有道德、有文化、有纪律的职工队伍，全面提高职工队伍的素质具有深远意义。进行思想道德和技术业务、科学文化教育，是社会主义现代化建设，尤其是新的技术革命对广大职工提出的迫切要求。特别是在企业中，现代工人的劳动技能不再是以体力为基础，而是体力和智力并重，并逐步转向以智力和知识为基础。现代生产中所呈现的高度的知识、智能、技术密集的发展趋势，要求工人必须具有较高的文化、科技水平，才能迅速掌握操作和管理的知识；产品的频繁更新换代，生产设备的不断更新，要求工人必须具有很高的适应能力和创造能力。

四、进一步发挥分工会组织的作用

当前，中国特色社会主义进入了新时代，这是我国发展新的历史方位。在新形势下，推动全面建成小康社会，实现中华民族伟大复兴的中国梦，工会组织承担的任务更加繁重。要抓住机遇、迎接挑战，不断提高工作水平和能力，更好地服从服务于党和国家工作大局，就必须高度重视基层分工会建设，进一步加强分工会工作。

（一）夯实基础，规范组织建设

加强企业工会工作，首先必须抓好企业分工会组织建设。要创新工会组织形式，健全和完善企业工会组织网络，夯实工会工作的组织基础。要适应企业改组改制的形势，及时抓好基层工会和分工会组织的整顿和重建，确保组织不断线、会员不流失。要适应非公有制企业和小企业大量增加的情况，进一步加强基层工会联合会和联合基层工会的建设，使工会组织覆盖更多的企业。要适应企业用工方式的变化，进一步创新组建途径和方法，增强职工的入会意识，采取工地建会、市场建会、楼宇建会、社区建会等多种形式，把大量分散就业、灵活就业的职工组织起来，把不同类型企业、不同就业方式的职工广泛组织到工会中来。

同时，要认真抓好企业分工会规范化建设，按照《工会法》《中国工会章程》和《企业工会工作条例》的要求，完善企业内部工会组织体系，建立健全符合本企业特点的工会组织制度、工作制度、民主制度等，处理好工会与企业党组织、行政和上级工会组织的关系，形成规范有序、运转高效的工作秩序，为加强企业工会工作奠定坚实的基础。在企业层面，分工会组织要突出维护职工权益工作，这与在政治上坚持党的领导是统一的。如果企业分工会不能独立自主、创造性地开展工作，企业职工合法权益就很难得到切实的维护。

（二）引领队伍，讲好工会故事

工会宣传工作是党的宣传思想工作的重要组成部分，在工会工作中具有基础性、先导性、全局性作用。分工会要提高政治站位，始终保持正确政治方向，坚持不懈用习近平新时代中国特色社会主义思想凝聚职工，用社会主义核心价值观教育职工，用中华传统文化浸润职工，进一步增强分工会对职工群众的凝聚力和社会影响力。要坚持内容为王，以高质量的内容建设不断绘就分工会宣传工作的"同心圆"，让新时代工运事业的主旋律更高昂、正能量更充沛。要注重方式手段，主动把握全媒体发展大势，创新传播手段，打造新型传播平台，加快推动工会系统传统媒体和新媒体深度融合，构建分工会大宣传格局，让分工会宣传接地气、聚人心。要坚持党管宣传的理念，牢牢掌握党对工会意识形态工作的领导权，大兴调查研究之风、增强实干宣传本领，不断增强工会干部的脚力、眼力、脑力、笔力，打造一支政治过硬、本领高强、求实创新、能打胜仗的工会宣传思想工作队伍。

讲好工会故事是工会做好政治引领的有力抓手，也是职工思想政治教育的重要载体。分工会主席应发挥分工会与职工"直联"的组织优势，深入挖掘、宣传分工会中的榜样。

(三) 搭建平台，增强专业实力

分工会主席工作、生活在职工群众中间，与职工群众最贴近。做好企业分工会工作，需要建设一支高素质的企业工会干部队伍，使之成为组织动员职工的能手、协调劳动关系的行家、关心服务职工的模范。要加强对企业工会干部特别是分工会主席在民主管理、劳动保护、互联网思维等方面的专业培训，帮助他们进一步熟悉工会业务，不断提高法律素养和政策水平，注重培养、选拔企业工会干部，拓宽企业工会干部来源渠道，营造优秀工会人才和积极分子脱颖而出的体制环境，通过公开招聘、内部选拔等多种途径，广泛吸纳人才，形成专职、兼职和积极分子相结合的企业工会工作者队伍。要建立健全企业工会干部考核、评价和激励机制，表彰奖励敢于维权、善于维权的企业工会干部，增强企业工会干部的责任感，激发企业工会干部的积极性。要建立企业工会干部权益保障机制，制定完善的对企业工会干部特别是分工会主席的保护办法和措施，明确工会干部权益保护的程序和责任，努力解除他们维护职工权益的后顾之忧，当好他们的坚强后盾。

分工会主席要改进工作作风，牢固树立群众观念和服务意识，发扬"妈妈心、婆婆嘴，闲不住的两条腿"精神，倾听职工群众的呼声，反映职工群众的意愿，带着深厚的感情和满腔的热情，诚心诚意地为职工群众服务，切实帮助他们解决生产生活中的实际困难和问题，当好困难职工的第一知情人、第一报告人、第一帮扶人，做到有素养、能影响他人，善共情、能感受理解，懂迁移、能融会贯通，会沟通、能跨界合作，努力成为职工群众信得过、离不开的"娘家人"。

分工会在深入开展"我为群众办实事"活动中，要进一步加大对"暖心人"在政策理解运用、情绪管理、沟通技巧、隐私保护等方面的系统培训，增强他们对职工"望闻问切"的诊断力和治愈力。重点采用全员家访、微信、爱心手册等多种形式宣传、推广工会在组织、帮扶、保障等各方面的政策，不断提升职工的知晓度和拓宽其参与面。

（四）增强活力，倡导民主管理

发挥企业分工会作用、增强企业分工会活力是提高基层工会工作整体水平的关键。只有坚持围绕推动企业发展、实现职工合法权益来确定工作目标和重点，企业分工会才能找准位置、有所作为，始终保持旺盛的生机与活力。

分工会严格落实厂务公开和民主管理监督制度，能够坚持主动倾听职工的呼声，及时了解他们的意愿，广泛集中他们的才智，凡是对部门的或是分工会的建议，职工都可以以书面形式或口头方式反映，有效地保证职工有想法有地方讲述，有意见有渠道排解，有困难有途径解决，保障职工正确行使民主权利。

分工会要团结引导职工立足本职、爱岗敬业，学赶先进、争创一流，促进企业持续健康发展，为实现职工的利益奠定物质基础，达到企业和职工互利共赢的目的。要抓好协调劳动关系机制建设，建立和完善劳动合同制度、平等协商和集体合同制度、以职工代表大会为基本形式的民主管理制度、劳动争议调处制度等，坚持主动维权、依法维权、科学维权，维护职工的劳动经济权益、民主政治权利和精神文化权利，推动建立和谐稳定的社会主义新型劳动关系，当前要重点维护好职工的工资收入、安全生产等方面的权益。要不断创新企业工会活动的载体，发挥密切联系职工群众的优势，体现群众组织的特点，依靠会员和职工群众，深入开展建设职工之家、"双爱双评"、创建劳动关系和谐企业等活动，丰富活动内容，改进活动方式，不断推进群众化、民主化建设，把企业分工会工作建立在深厚的群众基础之上，真正成为职工群众信赖的职工小家。

（五）创新创效，服务企业发展

工会是党联系职工群众的桥梁和纽带，必须坚持以习近平新时代中国特色社会主义思想为指导，不断推进理论创新、实践创新、制度创新，增强工会组织的活力和凝聚力，提升工会组织的影响力和号召力。要深入贯彻落实习近平总书记关于加强和改进党的群团工作的重要指示精神，坚持党建引领、政治引领、服务引领相统一，坚持问题导向、需求导向、效果导向相结合，坚持顶层设计、基层探索、示范引领相协调，不断探索适应新时代要求的工会工作新思路、新方法、新举措。要加强对工会工作创新的理论研究和实践总结，及时把好的经验做法上升为制度规范，形成可复制、可推广的模式方法，推动工会工作创新发展。

分工会结合所属部门业务职能，充分发挥群团组织引领作用，鼓励广大职工积极投身到科技创新和技术创新工作中去，坚持小家活动以业务为中心，从解决班组工作现场和班组管理的实际问题出发，大力开展各类职工创新创效活动，帮助企业取得新提升。分工会可以打造创新管理"服务圈"，打破专业与领域限制，成立创新创效柔性组织，深入调研创新短板和需求，制作"创新工作白皮书""专利申请一表通"等宣传册，明确创新项目和专利的申报流程及关键时间节点、撰写及评审要点，"老带新"差异化开展帮扶培训，分类整理创新过程中遇到的技术难点、选题方向，邀请创新优秀人才开展讲座，为创新搭平台，培育创新人才和后备力量。优化创新激励"绩效圈"，从不同维度开展创新评价，与员工收入直接挂钩。通过培育创新文化，引导广大职工树立"创新就在身边""创新人人可为"的意识。挖掘职工智慧和潜能，推动全员创新，鼓励全员创效。

总之，加强企业分工会工作是一项全局性、综合性很强的工作，是基层工会的共同任务。要结合实际、明确思路，集中力量、突出重点，以开拓创新的精神，采取有力的措施，扎扎实实地加以推进，将企业工会真正建设成为把坚持党的领导、促进企业发展、维护职工权益、团结职工群众有机统一起来的工会组织。

第三节　开展建设职工小家活动

工会基层组织是完成党交给工会的重要任务的承载者和实践者，深入开展建设职工之家的活动，能够更好地把工会全面履行各项职能、表达维护职工的合法权益与坚持发展这个党执政兴国的第一要务结合起来，促进社会主义经济、政治、文化、社会和生态文明建设的协调发展，这也是新世纪新阶段工会服务于党和国家工作大局的现实需求。

一、分工会开展建设职工小家活动的重要性

开展建设职工小家活动，是发挥分工会作用的重要平台，是增强分工会活力的有效手段，是全面提升分工会工作水平的综合性载体。当前，建设职工之家工作面临着新的形势、新的任务，也面临着新的发展机遇。以习近平同志为核心的党中央对建设职工之家提出新的更高的要求。习近平总书记强调，各级工会组织要扩大工作覆盖面，增强组织凝聚力，要努力把工会建设成为职工群众信赖的职工之家，把广大工会干部锤炼成为听党话、跟党走、职工群众信赖的"娘家人"。习近平总书记的重要讲话既是对工会工作提出的更高标准和更高要求，也是对建家工作提出的更高标准和更高要求。必须按照习近平总书记的要求，着眼于抓好基层、打牢基础，坚持把建会、建制、建家紧密结合起来，切实加强和改进分工会自身建设，不断赢得广大职工群众的信赖。

基层工会面临的新情况新问题对建家工作提出了新任务新要求。随着各类基层工会组织的迅速发展，特别是大量非公有制企业工会组建之后，对夯实基础工作、发挥工会作用提出了新的要求；大量农民工成为职工队伍新成员，维护工人阶级团结统一和职工队伍稳定的任务更加艰巨。基层工会组织建设和发挥作用的现状，迫切要求在坚持抓好组建工作的同时，进一步把工作着力点放在发挥基层工会作用上，充分运用建家这一有效载体，推动各个领域、各种类型基层工会全面开展活动，做到哪里有职工哪里就要建立工会组织，哪里有工会组织哪里就要开展建家活动，最广泛地把建家活动覆盖到每个基层工会组织，最充分地激发出每个分工会组织的活力。

二、建设职工之家的基本要求

中华全国总工会在《关于进一步加强建设职工之家工作充分发挥基层

工会作用的意见》中，提出要进一步加强建家工作，要坚持在继承的基础上不断创新，与时俱进地赋予新内容，努力把基层工会组织建设成为组织健全、维权到位、工作规范、作用明显、职工信赖的名副其实的职工之家。建设职工之家的基本要求如下。

（一）健全组织体系。基层工会委员会、经费审查委员会、女职工委员会组织健全，按时换届选举，单独设置工会工作机构，依法独立自主开展工作；依法进行工会法人资格或工会法人代表变更登记；工会主席（副主席）的产生、配备符合有关规定，职工 200 人以上的单位依法配备专职工会主席；按不低于职工人数 3‰ 的比例配备专职工会干部；加强工会积极分子队伍建设；加强会员会籍管理，职工（含农民工、劳务派遣工）入会率达到 85% 以上。

（二）促进科学发展。围绕加快经济发展方式转变，深入开展多种形式的争先创优建功立业活动，持续形成劳动竞赛热潮；深入开展以增强自主创新能力为重点、以合理化建议和"五小"活动为内容的职工技术创新活动和"我为节能减排作贡献"活动，推动经济又好又快发展；加强劳动模范（先进工作者）的培养、评选、表彰、宣传和管理，激励职工立足岗位、勇创佳绩。

（三）履行维权职责。建立和完善以职工（教工）代表大会为基本形式的民主管理制度，推行厂务（院务、校务）公开，公司制企业依照有关规定选举职工代表进入董事会和监事会，参与企业管理；深化"共同约定"行动，建立平等协商和签订集体合同制度，协商解决涉及职工切身利益的重大问题；指导和帮助职工签订劳动合同，依法妥善处理劳动争议纠纷，提供法律援助，构建和谐劳动关系；协助和督促企业落实国家各项涉及职工权益的法律法规，遵守劳动安全卫生等规定，安全生产无事故；维护女职工的特殊权益。

（四）提高职工素质。贯彻落实《全国职工素质建设工程五年规划（2021—2025 年）》。加强思想道德素质建设，增强"四个意识"、坚定"四个自信"、做到"两个维护"；加强科学文化素质建设，提升职工队伍知识化水平；加强技术技能素质建设，促进优秀技术工人脱颖而出；加强民主法治素质建设，提高职工守法自觉和维权能力；加强健康安全素质建设，促进安全生产和体面劳动；加强社会文明素质建设，培育健康文明、昂扬向上，全员参与的职工文化。

（五）服务职工群众。以职工最关心、最直接、最现实的利益为重点，认真倾听职工呼声，积极反映职工意愿，提出政策建议和主张；关心职工生产生活问题，指导帮助职工就业，进一步叫响做实"职工有困难找工会"，努力为职工办实事、做好事、解难事；开展"送温暖""金秋助学"等活动，履行帮扶困难职工"第一知情人""第一报告人""第一协调人""第一监督人""第一帮扶人"的职责。

（六）加强自身建设。坚持民主集中制，密切联系群众，廉洁自律；健全各项组织制度、民主制度、工作制度，基础资料齐全；坚持会员（代表）大会制度，完善会员代表常任制，实行会务公开，接受会员群众民主评议和监督，保障会员民主权利；开展"创建学习型工会、争做知识型工会干部"活动，加强思想、作风、能力建设，提高工会自身建设科学化水平，建设学习型、服务型、创新型工会；建立单独工会财务账号，独立使用工会经费，收好管好用好工会经费，保护好工会资产；工会工作有创新、有特色。

三、开展建"小家"活动要注意的几点要求

职工小家是职工之家的细微化和具体化，它将建家活动落实到基层工会委员会下属的分厂（场）、车间（科室）和工会小组中。开展建设职工"小家"工作，要注意以下四点。

（一）把握建"小家"的基本要求

1.加强工会分会、工会小组建设，由会员直接选举分工会负责人和工会小组长，建立一支热心为职工群众服务的积极分子队伍。

2.建立健全班组民主管理、民主参与、民主监督制度，定期召开民主管理会议，坚持各项公开制度，积极反映职工群众的意愿和要求。

3.发扬团结友爱和集体主义精神，搞好互助互济，帮助职工解决实际

困难。

4.组织职工进行政治业务学习，不断提高思想觉悟和职业技能，开展群众性经济技术创新活动，努力完成生产工作任务。

5.严格监督执行各项安全生产、劳动保护制度，不断改善职工生产工作环境，做好女职工特殊权益保护工作。

6.加强职工小家阵地建设、因地制宜的活动，满足职工的精神文化需求。

（二）抓住建"小家"的关键环节

1.宣传教育。通过学习典型、借鉴经验和沟通讨论，宣传建设职工小家活动对车间（科室）、班组建设等方面的积极作用，争取党政领导的支持。通过形式多样、深入浅出的教育，提高广大职工参与建家的积极性。

2.组织建设。调整选配好班组长、工会小组长及班组的"几大员"，形成建家领导核心。

3.考核验收。健全考核细则和激励机制，坚持考核验收制度。采取车间（科室）工会分会、班组工会小组自检和集中检查等方式，定期对职工小家建设进行考核、检查、验收，经验收合格的职工小家要予以颁发荣誉证书。

（三）开展会员评家活动

为深入学习贯彻习近平总书记关于工人阶级和工会工作的重要论述，进一步推进基层工会群众化民主化建设，激发基层工会活力，切实增强工会组织的凝聚力和吸引力，提高基层工会工作整体水平，根据中华全国总工会下发的《关于开展会员评议职工之家活动的意见》（总工发〔2009〕28号），牢固树立以职工为中心的工作导向，着力建设职工满意信赖的职工之家。

1.会员评家的重要意义

（1）会员评家是加强基层工会民主建设的重要内容。党的十七大对加强社会主义基层民主建设作出了部署，对基层工会民主建设提出了新的要求。工会本身应是民主的模范。进一步开展会员评家活动，有利于加强基层工会民主建设，发扬会员民主，保障会员知情权、参与权、监督权的落实。

（2）会员评家是密切工会与会员群众联系的客观需要。当前，基层工会工作与党中央的新要求、职工群众的新期待还有一定距离。一些基层工会存在民主制度不健全、会员主体作用发挥不充分等问题。在会员评家中加强民主制度建设，有利于坚持完善会员（代表）大会制度和会员代表常任制，实行会务公开，推进基层工会决策的民主化科学化。

（3）会员评家是推进建设职工之家深入发展的有效机制。会员满意度是衡量基层工会工作和建设职工之家成效的根本标准。广泛开展会员评家活动，有利于创新建设职工之家工作机制，充分调动会员群众参与工会活动的热情，使基层工会工作更加富有生机和活力。

2.会员评家的方式方法

（1）在同级党组织领导和上级工会指导下，会员评家通过召开会员（代表）大会进行，每年至少评议一次。

（2）会员评家主要评议基层工会开展工作、建设职工之家情况，评议工会主席（副主席）履行职责的情况。

（3）会员评家前应将评议内容、评议标准告知会员，做好组织发动和准备工作，并向上级工会报告。

（4）工会主席（副主席）在会员（代表）大会上报告工会工作及建设职工之家情况，并就个人履行职责情况进行述职。会员（代表）对工会工作、建设职工之家情况和工会主席（副主席）在进行民主评议的基础上，以无记名投票方式进行测评。测评可分为满意、基本满意和不满意三个等次，当场公开民主测评结果。

（5）会员评家的结果应报同级党组织和上一级工会，并作为考核基层工会工作和工会主席（副主席）的重要依据。对会员群众民主评议、民主测评反映的突出问题，该基层工会应向会员（代表）群众反馈整改措施。

3.会员评家的组织领导

（1）分工会要切实把会员评家作为全面推进职工之家建设、加强基层工会工作的一项重要制度和措施，摆上重要议事日程，加强组织领导。

（2）分工会要加强宣传，引导会员群众正确把握会员评家的内容、方法和程序，正确行使民主权利，积极参加会员评家活动，保证会员评家工作健康发展。要防止"建家"和"评家"中的形式主义，正确处理硬件建设和发挥作用的关系，真正以会员群众的满意度评价工会工作和工会干部。

（3）分工会应增强责任意识，把会员评家作为会员（代表）大会的重要内容，认真抓好落实。对未经上级工会同意，没有开展会员评家的基层工会，上一级工会应督促其改进，并取消该工会组织、工会主席（副主席）当年参加工会系统评先的资格。

（4）分工会领导机关要加强对会员评家工作的督促检查，形成长效机制，定期组织进行自查、互查、抽查，适时进行通报，确保会员评家取得实际效果。加强分类指导，针对不同类型基层工会的实际，研究解决工作中遇到的新情况新问题，总结经验，推广典型。

（四）创建模范职工小家的途径和方法

1.把建家与企业发展紧密联系起来，并作为工会履行职能的主要载体

当前建家就是要把职工紧密地团结起来，让职工充分享有劳动权利、民主权利，使他们真正成为企业的主人，从而发挥出自己的聪明才智，为企业生产经营作出更大的贡献。要引导广大职工进一步增强责任感，在推动企业改革发展稳定中充分发挥工人阶级的主力军作用。要通过开展建家活动，动员和组织广大职工开展各种形式的群众性经济技术创新活动，学赶先进，争创一流，为提高企业经济效益、促进企业经济持续快速健康发展贡献力量。反过来讲，企业发展了，职工的经济利益才会有更大的保障。职工小家建设与分工会的重点工作是一致的。有温暖的集体才有吸引力，谁都渴望自己所在的那个集体有温暖。要使集体有温暖，就要时刻把大家的冷暖放心上，认真对待集体中每一个成员的喜怒哀乐，踏踏实实地为他们办好事实事，同时营造一个大家互相关心、和睦相处的环境。职工小家之所以成为实现分工会职能的主要载体，是因为分工会的职工小家建设有着浓厚的群众基础，有着强大的生命力，只要上下统一认识，共同努力，把职工小家建设作为一项长期任务，常抓不懈，分工会组织就一定会赢得越来越多职工的信赖和拥护，就会把越来越多的职工紧密地团结起

来，就会在推动和深化企业改革、促进企业发展、保持队伍稳定中发挥更大的作用。

2.按照职工群众的意愿和要求开展创建模范职工小家活动

分工会组织直接面对职工群众，必须保持同职工群众的密切联系，要按照职工群众的意愿和要求开展建家活动。在开展建家活动中，要以会员群众为主体，依靠广大会员建家、评家、管家，由会员自己定家规，树家风，建家境。同时，畅通发扬民主渠道，激发主人翁责任感，营造人人关心集体，个个为集体献计献策的氛围。职工小家的作用就是要把小家的成员凝聚到一块。一个职工小家有没有凝聚力，要看这个小家的成员是否热爱这个集体，而热爱这个集体的主要表现是关心这个集体的程度。因此，在创建模范职工小家的过程中，分工会要通过各种有效的途径，广泛发扬民主，不断增强大家的主人翁意识，大力倡导说真话说实话，形成互相信赖、互相尊重的氛围。如通过召开班组民主生活会等有利时机，给大家创造说话的机会，鼓励大家多提意见和建议，对提出的正确、合理的意见要积极采纳，让大家感觉到自己在这个集体中说话是有一定分量的，从而发挥主动性、积极性和创造精神，不断增强主人翁责任感、集体荣誉感，自觉地把自己和集体融为一体，这样既促进了工作质量的提高，又促进了民主建设，大家感到有机会说话，说出的话有人听，因而有话愿意说，从而大大增强了集体的凝聚力，工会工作也会达到事半功倍的效果。

3.要在"家"的实质性内容上下功夫

建设职工小家，对企业改革、发展和稳定起到了一定的推动作用，也会得到党政领导的理解和支持。一些企事业单位开展建家活动的成功经验之一，就是党政工形成合力，齐抓共建职工小家。在今后的建家工作中，要继续建立健全"党委领导，行政支持，工会主抓，职工参与"的长效工作机制，把职工小家建设与文化建设、企业发展有机结合起来，使之在实际工作中形成"你中有我，我中有你，相互促进，共同提高"的建家格局，从而确保建家活动取得实效。对职工小家建设，有的班组因为缺少活动场所，就错误地认为不具备建家条件，这是一种误解。其实作为一个家，改善职工的居住、生活环境固然重要，但衡量是不是真正的家，主要看其是否具有亲情感，其成员对家是否有亲近感、依赖感、归属感，是否愿意为家奉献。因此，家的"硬件"设施是建家的基础条件，而落实"以人为本"的管理理念，加强思想建设、民主建设、文化建设等才是建家的实质性内容。

目前要积极加大对职工小家的建设力度，重新规划，统一设计，对职工较集中的地方，建一个像样的休息室，安装基本设施，并将班组的管理制度、经济责任考核上墙，有条件的地方，还可以增设书、报，具备网络设施，建好职工园地，使职工有家的归属感。要加强设备更新换代，加大环保设施的投入，改善职工的作业环境，减轻职工的劳动强度，保障职工的身心健康，为建设好"小家"产生积极的影响。随着生产的发展、生活水平的提高，职工对工作环境有了较高的要求，我们要让职工看到，企业生产发展了，工作更体面，个人的身体更健康，生活质量更好，也更能充分地调动职工建好"小家"的积极性、主动性和创造性。

 例文1

××企业分工会组织情况一览表

分工会主席×××

分工会委员

分工会宣传委员：×××

分工会组织委员：×××

分工会财务委员：×××

分工会女工委员：×××

工会小组第一小组：小组长×××

第二小组：小组长×××

第三小组：小组长×××

第四小组：小组长×××

工会会员人数

（人）男会员　人；女会员　人

备注

 **例文2**

××企业分工会会费缴纳情况一览表

第×工会小组 组长姓名 年龄 学历 岗位

工会会费缴纳情况（元）

上半年缴纳会费

下半年缴纳会费

备注

 **例文3**

××企业分工会会议记录

时间

地点

主持人

记录人

应到人数

实到人数

参会人员

会议内容

 例文4

××企业分工会相关制度

分工会工作制度

1.分工会每两个月至少要召开一次分工会委员会全体会议和各工作小组会议，研究分工会各项工作；每季度至少要召开一次分工会委员学习会议，学习《工会法》和上级工会有关文件，研究安排分工会各项活动。

2.分工会每年要召开一次职代会，向职工代表大会报告上年度的工作，安排新年度工作，同职工签订劳动合同，收集职工代表的意见和建议，不断改进工作。

3.分工会下设各工作小组，按照各自的职责分工，每季度至少组织开展一次活动。

4.定期向基层工会和分公司党组织汇报工作，认真落实同级党组织对工会工作的要求；向基层工会报告工作，要做到日常工作定期报，重点工作随时报，重要信息及时报，阶段性工作按时报，圆满完成基层工会下达的年度工作目标任务和各种临时性工作任务。

分工会委员会工作职责

1.在基层工会的领导下，认真履行工会各项职能，依照法律和工会章程独立自主、创造性地做好工会各项工作。

2.组织广大职工学习党的路线、方针、政策，学习科学文化业务知识，不断提高职工的思想政治素质、科学文化素质和业务技术素质。

3.团结带领广大职工围绕公司党组织的中心工作，积极做好本职工作。

4.承担职代会工作机构的职责，坚持职工代表大会制度，行使职代会职权，加强民主管理，组织职工参政议政，维护职工的合法权益。

5.协同有关部门搞好职工的生活福利工作，积极为职工排忧解难，开展文化娱乐活动，活跃职工的业余文化生活。

6.做好会员发展、会员管理及工会积极分子的评选和劳动模范的推荐工作。

7.收好、管好、用好工会经费，管好工会财产。

8.认真完成上级工会交给的其他工作任务。

分工会主席职责

1.在党委和上级工会指导下，主持本单位工会委员会的日常工作，负责组织、制订工会工作计划，定期布置、检查、总结工作，并及时向党委和上级工会汇报工作。

2.贯彻执行党的路线、方针、政策，以民主管理为重点，发挥职代会工作机构的作用，全面开展生活、教育、女工、宣传、文体等各项活动。

3.贯彻执行民主集中制原则，主持召开会员大会或会员代表大会和办公会，发扬民主，集思广益。

4.经常深入实际，调查研究，发现新情况，解决新问题，总结新经验，提高工会工作水平。

5.注意倾听广大会员和职工的意见和要求，并及时向单位汇报，维护职工的民主权利和切身利益。

6.抓好工会自身建设，定期向单位党委、上级工会和会员（代表）大会汇报工作，关心工会干部和积极分子的进步，把工会建设成职工之家。

分工会组织委员职责

分工会组织委员，在本单位工会委员会的领导下，负责工会日常的组织工作。

1.对会员进行权利义务的教育，增强会员行使权利、履行义务的观念。

2.做好会员（代表）大会的召开和工会换届改选的组织工作。

3.培训工会积极分子，组织工会工作经验交流，开展评先、表彰工作。

4.发展新会员，管好会籍，办理会员组织关系转接和会员的表彰及处理工作。

5.管好分工会有关文件、资料（会员登记表、花名册、会议记录）及有关分工会工作材料。

分工会宣传委员职责

分工会宣传委员在本单位工会委员会领导下进行工作。主要职责如下。

1.配合党政抓好宣传教育工作，运用各种形式对会员进行社会主义核心价值观教育、法治教育和职业道德教育，促进职工队伍政治思想素质的提高。

2.办好工会黑板报、宣传栏等阵地，宣传党的方针、政策，介绍工会知识，宣传好人好事并及时向各级工会刊物投稿。

3.组织职工参加读书演讲活动和各种知识竞赛。搞好书刊、报刊订阅，为职工阅读提供资料、场所。

分工会女职工委员职责

分工会女职工委员在本单位工会委员会领导下负责工会女职工工作。主要职责如下。

1.围绕中心工作，运用各种形式对女职工进行教育。帮助她们正确处理生活中的问题。

2.维护女职工合法权益，组织她们积极参与单位民主管理，不断提高女职工素质。同时，同一切侵害女职工合法权益的行为作斗争。

3.督促和协助行政贯彻执行有关女职工劳动保护的政策、法令和规定，结合本单位实际，做好女职工的保护工作。

4.积极热情地扶持女职工中先进、模范人物，宣扬她们的先进事迹，发挥她们的模范带头作用，在各项"评选"工作中注意争取女职工占有一定比例。

5.关心女职工疾苦，通过多种渠道，帮助她们解决政治进取、业务进修、成家立业、托儿、治病等实际问题，做女职工的"娘家人"。

分工会财务委员职责

分工会财务委员在本单位工会委员会领导下，负责工会经费的管理工作。主要职责如下。

1.按规定及时向分工会委员会提出工会经费的预算草案，并根据批准的预算，组织收入和节约开支。

2.做好会费收缴工作，督促行政按时拨交工会经费，并核对其拨交数目是否正确。

3.遵守财务制度，严格业务开支，管好、用好工会各种经费，定期向会员公布账目，主动向经审委员会汇报财务工作情况。

4.协助有关人员建立和健全工会财产物品的保管制度，登记工会财产账目，监督和检查工会财产物品保管和使用情况。

第二章

分工会主席产生的条件和程序

分工会主席可以由会员大会或者会员代表大会直接选举产生，也可以由工会基层委员会选举产生。分工会直接选举分工会主席，一般在会员人数比较少且具备相关条件的基层单位进行。

第一节　选好分工会主席的条件及重要性

一、分工会主席应当具备的条件

我国《企业工会工作条例》第二十六条规定了工会主席应当具备的条件，分工会主席也应具备。具体包括以下内容。

(一) 要政治立场坚定，热爱工会工作

作为分工会的领导人，分工会主席要切实增强党的观念，提高接受党的领导的自觉性和坚定性，提高在全党全国工作大局下行动的自觉性和坚定性，始终保持清醒的政治头脑，不断增强政治敏锐性和政治鉴别力，善于从政治上认识和处理问题。要不断强化对职工的感情、对事业的热情和对创新的激情，充分发挥好工会在促进企业发展和维护职工权益方面的积极作用，也只有这样，才不会把任何工会工作看成是"上级交给的一项任务""一种领导方式"或一种短期行为，分工会主席要敢于在困难挫折面前顽强抗争，把工作化作自觉行动去不遗余力地执行。

(二) 具有与履行职责相应的文化程度、法律法规和生产经营管理知识

分工会主席要具备广博的知识储备和较高的政策理论水平。分工会工作本身就是一门有着自身发展规律的科学。随着企业内部管理的深化，分工会主席作为职工代言人的身份越来越明显，在企业中的地位越来越重要。如何找准自己的位置，发挥分工会的作用是一个政策性很强的问题。要弄清这些问题就必须加强学习，具有与履行职责相应的文化程度、法律法规和生产经营管理知识。只有这样才有可能摆正自己的位置，找准自己工作的立脚点和突破口，才能对企业情况做到胸中有数甚至了如指掌，才能在关系到职工群众切身利益的企业决策上说得上话、起得了作用，将源

头参与落到实处。

（三）要坚持民主作风，密切联系群众

分工会是职工为维护自身权益而自愿结合起来的群众组织。分工会组织群众化是工会自身建设的根本目标。要保证工会的性质地位，发挥工会作用，就必须密切联系群众，热心为会员和职工群众服务。这由工会的性质地位所决定，是党对工会组织的要求，也是工会自身改革和发展的要求。作为分工会主席，在工作中要大兴求真务实之风，坚持走群众路线，深入实际、深入群众，全心全意为职工群众服务，切实转变思想作风和工作作风，时刻保持同职工群众的血肉联系。要认真贯彻执行民主集中制，努力做到科学决策、民主决策，不断提高议大事、谋全局的意识和本领，把工会领导班子建设成为政治坚强、作风过硬、团结合作、清正廉洁的领导班子。

（四）要具有较强的组织协调能力

随着改革的不断深入和社会主义市场经济体制的日臻完善，我国当前的经济关系和劳动关系日益复杂多样，各种社会利益矛盾比较突出，协调劳动关系和依法维权的任务越来越繁重，分工会主席要适应形势发展的要求，不断提高协调劳动关系的能力和组织活动能力，真正成为组织动员职工的能手、协调劳动关系的行家、关心服务职工的模范，把分工会真正建设成为坚持党的领导、促进企业发展、维护职工权益、团结职工群众的工会组织。

总之，选好配强分工会主席是加强党的执政能力建设对分工会组织和分工会干部的必然要求，是建设高素质的分工会领导班子和干部队伍的重要措施。

二、分工会主席选好配强的重要性

基层工会直接面向职工、服务职工，是工会工作的基础和关键，坚持眼睛向下、面向基层，坚持落实到基层、落实靠基层，深入基层一线，深入调查研究，聚焦突出问题，呼应基层需求，把力量和资源更多向基层倾

斜投放，使基层工会真正建起来、转起来、活起来，分工会要更好发挥"传动装置"和"杠杆"作用，把广大职工团结凝聚在党的周围，筑牢党长期执政的阶级基础和群众基础，选好配强分工会主席是关键。作为分工会职工的代表者、代言人，分工会作用发挥得如何直接关系到职工合法权益维护的力度和效果，关系到劳动关系的和谐稳定。从实际情况看，分工会能否真正发挥作用，很大程度上取决于分工会主席作用的发挥。分工会主席领导水平的高低，也直接影响着工会工作效率和工作各项社会职能是否有效履行。

（一）选好配强分工会主席是落实党以人民为中心的现实需要

工会是广大职工利益的代表者和维护者，是党联系职工群众的桥梁和纽带。工会的性质，决定了它必须在党的领导下，竭诚地维护职工合法权益。进一步提高工会的社会地位，使分工会主席说话有分量、办事有力度、地位受尊重，直接体现了党对广大职工利益的关心和重视。

（二）选好配强分工会主席符合我国经济和社会发展的实际

随着非公企业的发展、农村城镇化和农业工业化步伐的加快，进城务工人员大量增加，职工人数大幅度增长。面对这样庞大的职工群体和繁重复杂的劳动关系协调任务，只有高度重视分工会领导班子建设，使分工会班子都能靠得住、信得过、干得好，才能更好地调动职工的积极性和创造性，推动经济和各项社会事业更好更快地发展，维护社会稳定。

（三）选好配强分工会主席有利于强化职工权益的维护

分工会主席按同级副职配备，有利于把职工的意愿、工会的意见通过分工会主席直接带入分公司决策层，有利于分公司在决策时更好地了解职工群众要求，有利于推进分公司决策的民主化和科学化。

同时，选好配强分工会主席也是新时期加强分工会班子建设的内在要求。好班子关键要有个好班长，班长的配备决定和主导着班子的整体配备。核心人物选不准、配不强，分工会班子就不可能有新气象和大作为。

第二节　分工会主席的产生及相关要求

分工会主席的产生必须坚持履行民主程序和坚持《中国工会章程》规定的基本条件。工会是工人阶级的群众组织，是具有群众性、民主性的组织，工会的各级领导机构及其负责人都必须民主选举产生，这是一条不可动摇的根本原则。只有坚持这条原则，才能健全完善工会内部的民主制度，充分反映体现会员群众的民主意愿，保障他们的民主权利，选出他们信赖并德才兼备的工会的领导机构及其负责人。

一、分工会主席的产生程序

根据《工会基层组织选举工作条例》的有关规定及基层单位民主选举分工会主席的实践，民主选举分工会主席的基本程序如下。

（一）确定名额

一般可在提名、审查、协商的基础上，确定 2~3 名候选人。

（二）提名和产生候选人

分工会主席、副主席的产生，均以工会小组为单位提名，由上届分工会委员会（新建分工会由分工会筹备组）根据多数工会小组的意见，提出建议名单，报经同级党组织和基层工会审查同意后，提交分工会会员大会或会员代表大会通过。

（三）实施民主选举

实施民主选举是一个系统工程，涉及许多方面，因此要精心设计、周密组织。具体操作步骤如下。

1.参加选举的人数为应到会人数的 2/3 以上时，方可进行选举。选举可以直接采用候选人数多于应选人数的差额选举办法进行正式选举，也可以先采用差额选举办法进行预选产生候选人名单，然后进行正式选举。分工会委员会委员的差额率为5%。

2.召开分工会会员大会进行选举时，由上届分工会委员会主持；不设委员会的分工会进行选举时，由上届分工会主席或组织员主持。召开会员代表大会进行选举时，由大会主席团主持。大会主席团成员由上届分工会委员会集中各代表团（组）的意见，提出建议名单，提交代表大会预备会议表决通过。

3.选举前，分工会组织或大会主席团应将候选人的名单、简历及有关情况向选举人介绍。

4.选举设监票人，负责对选举全过程进行监督。会员大会或会员代表大会选举的监票人由全体会员或各代表团（组）从不是候选人的会员或会员代表中推选，经会员大会或会员代表大会表决通过。

5.投票方式。选举一律采用无记名投票方式。选票上候选人的名单以姓氏笔画为序排列。选举人可以投赞成票或者不赞成票，也可以投弃权票。投不赞成票者可以另选他人。会员或会员代表在选举期间，如不能离开生产、工作岗位，可以在选举单位设立流动票箱投票。

6.统计选票。选举收回的选票，等于或少于投票人数，选举有效；多于投票人数，选举无效，应重新选举。每一选票所选人数等于或少于规定应选人数的为有效票，多于规定应选人数的为废票。候选人获得应参加选举人的过半数选票时，始得当选。获得过半数选票的候选人名额超过应选名额时，以得票多的当选。如遇票数相等不能确定当选人时，应就票数相等的候选人重新投票，得票多的当选。当选人少于应选名额时，对不足的名额另行选举。如果接近应选名额，也可以由大会征得多数会员或会员代表的同意减少名额。

7.大会执行主席根据有关规定，宣布选举结果及选举是否有效。

8.选出的分工会委员会委员、主席、副主席，按照《中国工会章程》的规定和干部管理权限，报同级党组织和基层工会审批。

二、分工会主席的公开竞选

公开竞选分工会主席是基层工会建设和改革的重要内容，有利于选拔、培养和造就一支被职工信赖的高素质的基层工会干部和工会积极分子队伍。公开竞选分工会主席工作，需要加强领导，精心组织和安排，可以按以下顺序进行。

（一）制定竞选办法

由基层工会、党组织和会员代表组织部门（或成立专门的领导小组）共同研究确定分工会主席（含委员）候选人自荐或推荐的条件，制定竞选和选举办法。

（二）广泛动员宣传

在分工会会员（代表）大会召开前，由党组织和基层工会印发通知，向全体会员广泛宣传基层分工会委员会换届选举工作的重要性，动员热爱工会工作、具备当选分工会主席条件的同志自愿参加竞选。

（三）组建监督小组

由会员（代表）大会推选3~5名会员代表，组成监督小组，对公开竞选和选举分工会主席的活动进行监督，同级党委和上级工会也要派人员参加会议，指导和监督选举工作。

（四）推荐候选人

在宣传动员的基础上，可规定期限由会员自荐报名和推荐候选人。候选人应以工会分会或工会小组为单位酝酿推荐，或由全体会员以无记名投票方式推荐。然后报经同级党组织、基层工会审查、考察同意后，对参加公开竞选的人员和被推荐的候选人名单进行定期公示。

（五）竞聘演讲

由参加公开竞选的人员（也可包括被推荐的候选人）在会员（代表）大会上进行发言，向会员群众讲述自己的基本情况以及对基层分工会工作的设想，回答会员的提问。如果参加公开竞选的人员较多，还可以组织考试，按考试成绩，排出顺序，来确定分工会主席（含委员）的候选人。

（六）进行选举

召开分工会会员（代表）大会，按工会章程规定的民主选举的程序，以无记名投票的方式选举产生分工会主席及委员。选举可以由会员（代表）大会直接选举产生，也可以由分工会委员会选举产生，还可以与分工会委员会委员同时选举，也可以单独选举。

三、分工会主席的补选、调动和罢免

（一）分工会主席的补选

分工会主席因故空缺，应该在三个月内按照民主程序补选。补选前应征得同级党组织和基层工会的同意，可暂由一名副主席或委员代理主持工作，代理时间不得超过半年。补选时要根据本单位工会组织实行的选举方式区别对待。如果实行的是基层分工会主席直接由会员大会或会员代表大会选举产生的办法，那么补选也应通过会员大会或会员代表大会直接进行；如果原来实行的是分工会主席由工会委员会选举（或推举）产生的办法，那么补选也应由分工会委员会进行，以便做到补选与正式选举的方式、民主程序大体相适应。要补选的分工会领导人一般也都要经过事先的考核、征求会员群众的意见。选举可以采用等额或差额选举的办法。补选结果的审批按程序进行。

（二）分工会主席的调动

根据工会的民主集中制原则，分工会主席、副主席的调动，应征得民主选举产生他们的分工会委员会和批准该委员会成立的基层工会的同意。这是保障分工会主席、副主席向选举机构负责并报告工作、接受监督的需要，以便他们更好地代表和维护会员利益，依法做好分工会领导工作。

（三）分工会主席的罢免

分工会主席的罢免可参阅以下法律法规执行。

《工会法》第十八条规定："工会主席、副主席任期未满时，不得随意调动其工作。因工作需要调动时，应当征得本级工会委员会和上一级工会的同意。罢免工会主席、副主席必须召开会员大会或者会员代表大会讨论，非经会员大会全体会员或者会员代表大会全体代表过半数通过，不得罢免。"《中国工会章程》第三十三条强调："基层工会主席、副主席任期未满不得随意调动其工作。因工作需要调动时，应事先征得本级工会委员会和上一级工会同意。"《企业工会工作条例》第二十八条规定："……企业工会主席、副主席任期未满时，不得随意调动其工作。因工作需要调动时，应征得本级工会委员会和上一级工会的同意。罢免工会主席、副主席必须召开会员大会或会员代表大会讨论，非经会员大会全体会员或者会员代表大会全体代表无记名投票过半数通过，不得罢免。"

四、分工会主席的直接选举

依据全国总工会《工会基层组织选举工作条例》的规定，基层工会委员会的主席、副主席，可以由会员大会或者会员代表大会直接选举产生，也可以由基层工会委员会选举产生。基层工会所属的分工会主席、副主席产生也可以参照此条例执行。

（一）基层分工会主席直接选举工作的重要意义

《中国工会章程》第二十七条明确规定，基层工会主席、副主席"可以由会员大会或者会员代表大会直接选举产生"。基层分工会主席直选，有别于由会员大会或会员代表大会选举工会委员会，再由工会委员会全体会议选举产生基层分工会主席、副主席的间接选举方式。

近年来，各地工会积极探索基层分工会主席直接选举，取得了巨大成效，也积累了丰富的经验。实践证明，推行基层分工会主席直选是大势所趋，是做好新形势下工会工作的迫切需要。基层分工会主席直接选举是体现工会组织性质，加强工会群众化、民主化建设的必然要求。

我国工会是职工自愿结合的工人阶级的群众组织，它决定了工会在组织方式和活动方式上必须走群众化、民主化道路，否则就会使工会脱离群众，丧失群众基础，就会使工会组织机关化、行政化、贵族化、娱乐化，体现不了职工的意愿和会员的权利。工会组织的群众化、民主化，必然要求在组织机构及其领导人的产生上实行民主选举，保证工会会员享有民主选举、监督、撤换或者罢免同级工会委员会及其主席、副主席的权利。直接选举让全体工会会员来选举自己信任的代言人，有利于充分体现全体会员的意志，落实会员对基层工会干部选拔任用上的知情权、参与权、选择权和监督权。直选产生分工会主席，能够更好地发扬民主，体现职工的意愿，牢牢把握基层工会的领导权和主导权。

当前，劳动关系矛盾日益复杂化、显性化，职工对工会维护自己合法权益的期待比以往更加迫切，对分工会主席发挥作用的期望也比以往更加强烈。同时，一些脱离党的领导的所谓"独立工会"也妄图从基层工会或基层工会主席上打开突破口。可以说，历史的浪潮已将分工会主席推到了巩固党的执政基础的重要位置和维权工作的风口浪尖，成为各方关注的焦点。但与之不相适应的是，分工会主席"领导画圈提名、会员举手通过"的任命式选举，以及非公有制企业"雇主提名"式选举等，往往导致基层分工会主席错误的角色定位和维权责任感的淡化及不敢维权，这对基层工会的领导权、主导权产生了不小的冲击。因此，充分发扬民主，实行分工会主席由会员群众直接选举，由会员群众自己来选择"娘家人"，是改革和完善企业分工会主席选举制度，最充分地激发企业工会活力的必然选择。

推行分工会主席直选是适应形势任务发展需要，切实提高分工会维权能力的内在要求。直接选举扩大了会员的选择范围，建立起了竞争和择优的选人用人机制，有利于提高分工会干部队伍整体素质。把分工会主席的任免权主要交给会员群众，强化了工会的代表和维护者角色。分工会主席履行职责的情况由会员群众来评价，可以增强分工会主席的责任感和危机感，充分调动分工会主席做好工会工作的积极性和主动性，增添履行维护基本职责的动力，能更加有效地代表和维护职工的合法权益。

实践证明，分工会主席的直接选举，可以从机制上激发分工会主席的责任感，强化会员在工会组织中的主体地位和作用，有利于对基层分工会干部的保护。分工会主席能够更好地对职工负责，代表职工利益，将极大地改变长期以来分工会对职工缺乏吸引力的状况。

（二）分工会直接选举分工会主席的主要程序和方式

分工会直接选举分工会主席的程序和方式主要如下。

第一步，成立分工会主席直选领导小组，由党组织提出分工会主席、副主席的基本条件，向本单位全体会员公布。

第二步，选举实施过程。在充分酝酿和了解的基础上，可以采取以下几种选举方式。

1.不提名候选人，由会员（代表）大会通过无记名投票方式从符合条件的人选中直接选举产生分工会委员会委员和主席、副主席。在获得法定有效票数的被选举人中，按得票多少确定分工会主席、副主席和工会委员会委员。

2.召开会员（代表）大会，以无记名投票方式，采取差额选举的办法选举分工会委员会委员；把选举产生的分工会委员会委员全部作为分工会主席、副主席候选人，由会员（代表）大会以无记名投票方式选举产生工会主席、副主席。

3.先以组织推荐、会员推荐、个人自荐等方式，产生分工会主席、副主席候选人，由会员（代表）大会通过无记名投票方式差额选举产生分工会主席、副主席；或者通过会员（代表）大会，先采取差额选举的办法进行预选，产生分工会主席、副主席候选人，再由会员（代表）大会等额选举产生分工会主席、副主席。

（三）如何推进分工会主席的直接选举工作

推行企业分工会主席直接选举，要坚持在党组织和工会可控的前提下首先在一些条件成熟的企业中推行，然后在此基础上积极稳妥地推进。积极稳妥推进分工会主席直选工作应该做好以下几方面工作。

1.及时制定和下发有关工会主席直选的规范性意见

通过制定和下发规范性意见，对实行基层工会主席直选的条件、候选人的资格及任职条件、违规行为的处理等进一步加以规范，保证直选工作顺利推进。

2.明确重点，逐步推开

推行分工会主席直选，可以首先在中小非公有制企业和国有、集体及其控股企业所属基层单位进行试点，逐步扩大到所有企业工会，使直选成为分工会主席产生的主要方式。

3.建立和完善相关制度，积极做好直选的后续指导管理工作

加强对分工会主席直选后新情况新问题的探讨和研究，切实做好直选

后续工作。应突出做好以下几方面的工作：一是要把直接选举工作与会员（代表）大会民主评议工会领导人和工会工作结合起来；二是要及时落实直选分工会主席的政治经济待遇，明确按干部职位实行动态管理；三是要加大指导服务力度，进行不同形式的培训，使直选的分工会主席和工会委员在短时间内尽快适应工作。

4."因企制宜"，鼓励创新

国有企业、规模企业、中小型非公企业特点不同，党政领导对工会工作的认识有差异，职工的素质有区别，分工会主席的直选方式应紧密结合实际，各有特色。非公企业中要体现会员有权推荐工会主席候选人，并尽量实行差额选举。国有和集体企业中，在保障会员选举权的同时要体现党管干部的原则。工会应在符合《工会法》等有关规定的基础上，积极鼓励和推动分工会主席直选的创新，不断探索和完善适合企业特点的候选人提名程序、竞选程序、罢免程序等，使直选在创新中不断发展。

在直接选举过程中，要努力做好以下几方面工作。

一是要做好宣传动员工作。要运用各种形式宣传直接选举工作的重要性和必要性，让广大会员群众了解直接选举工作的目的、任务和意义，动员广大会员或会员代表更好地履行自己神圣的职责，为直接选举工作打好坚实的思想基础。

二是要制定好计划方案。选举单位要根据本单位实际，结合基层工会和本单位会员群众的意见，制定详细的工作计划方案。要根据计划方案，精心组织、周密安排、认真实施，避免工作的随意性，确保直接选举工作有计划、有步骤、有领导地开展。

三是候选人产生必须发扬民主，坚持标准。分工会主席候选人的产生，必须贯彻党管干部和会员群众公认原则，坚持人选应具备的政治和业务素质标准。分工会主席候选人产生可采取组织推荐、会员推荐、个人自荐相结合的方法。要通过自下而上、自上而下、上下结合、反复酝酿，确定候选人初步人选。初步人选经同级党组织和基层工会同意，并进行公示后，确定为正式候选人，提交会员（代表）大会进行表决和选举。

四是要规范选举的各项程序。选举单位要严格按照《中国工会章程》

和全国总工会《工会基层组织选举工作条例》等的规定，进行选举。直接选举分工会主席应在全体会员大会或会员代表大会上进行。到会人数必须超过应到人数的2/3方能进行选举，候选人的得票数必须超过应到人数的半数方能当选。分工会主席可以实行等额选举，也可实行差额选举。另外，要教育候选人及相关人员采取合法、正当的方式参与直接选举工作，严防一切非组织行为发生。

5.直接选举分工会主席应当把握的几个环节

（1）坚持在同级党组织和基层工会的领导下进行。有领导、有组织地在一定范围内进行，没有建立党组织的单位，在基层工会的领导下进行。要坚持党管干部的原则，坚持公开、公平、公正、竞争、择优的原则，坚持尊重和体现会员意愿的原则。要把党管干部、依法治会和发扬民主统一起来，认真总结经验，逐步完善，逐步推进。

（2）坚持依法选举、规范程序。分工会所在单位的行政负责人（含行政副职）、合伙人及其近亲属，人力资源部门负责人，外籍员工等不符合法律规定的人员，不得提名作为分工会主席、副主席候选人。若采用差额选举的方法，则严格按照差额选举办法的规定，坚持无记名投票、公开计票、当场公布选举结果。坚持"参加选举人数为应到会人数的2/3，方可进行选举""候选人获得应参加选举人的半数票时，始得当选"等原则。

（3）认真做好候选人的推荐工作。要事先公布分工会主席、副主席候选人的条件，采取组织推荐、会员联名推荐、会员自荐等方式，并经会员反复酝酿后确定人选，报同级党组织和基层工会审查同意后，提交会员（代表）大会选举。总之，分工会必须做好直接选举前的思想发动工作和组织工作，帮助会员树立正确的思想，提高会员代表对直接选举分工会主席、副主席目的和意义的认识，熟悉选举办法和程序，正确行使选举权。对于会员思想认识不明确，对分工会主席、副主席的人选存在较大分歧，或企业出现重大生产经营问题及存在职工队伍思想波动较大等情况，不具备直接选举条件的，则不宜采取直接选举分工会主席、副主席的方式。

例文

××基层分工会主席直接选举办法

第一条 为健全和完善基层分工会主席直接选举（以下简称直选）制度，推进基层分工会民主化进程，增强基层分工会组织活力，依照《工会法》《中国工会章程》等有关规定，制定本办法。

第二条 直选分工会主席应遵守两个原则：1.公正、公开、竞争、择优；2.任人唯贤、德才兼备、注重实绩、群众公认。

第三条 基层分工会主席直选工作在同级党组织和基层工会领导下进行。基层工会应当对分工会直选工作进行指导。

第四条 分工会的成立以及分工会主席公推直选的筹备和组织工作由筹备成立工会的有关组织负责。

第五条 基层分工会直选，可采取以下方式：1.成立换届选举领导小组；2.向基层工会提出换届选举分工会委员会成员；3.宣传动员，公示任职人情况条件；4.资格审查，并对审查结果给予公示；5.进行选举，并公示选举结果；6.将选举结果及材料报基层工会。

第六条 分工会主席候选人应当具备下列条件：1.认真贯彻执行党的路线、方针、政策，自觉遵守国家的法律、法规和单位的规章制度，积极支持和参与改革，有开拓创新精神，顾全大局，坚持原则，廉洁自律，公道正派；2.在本单位任职3年以上，是本单位会员并热爱工会工作，有强烈的事业心和责任感，热心为职工说话办事，热心为会员和职工服务，有一定的组织协调能力；3.作风民主，密切联系群众，自觉接受职工群众监督，受到职工群众的信任和拥护；4.具备本岗位知识，身体健康；5.在任职期限内，如没有特殊原因，不得申请调动工会工作；6.符合本单位工会干部任职条件。

第七条 基层分工会所在单位行政主要负责人的近亲属及不符合法律规定的人员，不得作为分工会主席及工会委员会成员的候选人。

第八条 会员100人以下的分工会应当召开会员大会进行直选，如因特殊情况需要召开会员代表大会时，须经基层工会批准，且代表人数不得少于 30 人。会员 100 人以上的分工会可以召开会员大会或者会员代表大会进行直选。

第九条　会员（代表）大会到会人数必须达到应到会人数的 2/3 以上方可召开。会员（代表）在选举期间不能离开工作岗位的，可以由选举工作人员在监票人的监督下持流动票箱到场发放和收回选票。使用流动票箱选举，应提前向全体会员公布，征求会员意见，并于当天公布计票结果。

第十条　会员（代表）大会直选分工会主席，必须获得参加投票会员（代表）过半数通过始得当选。过半数通过的候选人多于应选名额的，按得票多少，至取足应选名额为止。当选人少于应选名额时，对不足的名额另行选举。遇票数相等不能确定当选人时，应立即召开领导小组会议，票数相等的候选人由领导小组成员重新投票，得票多的当选。如候选人均未获得参加选举人过半数票时，可组织会员（代表）对候选人进一步讨论酝酿，重新选举。

第十一条　有下列情形之一的，选举无效，应重新选举：1.选举收回的选票，多于发出选票的；2.使用暴力、威胁、贿赂、弄虚作假等手段影响选举过程及结果的；3.其他严重违反选举规定的情形。

第十二条　直选产生的分工会主席应享受分公司党政副职同等待遇。是党员的，按照程序进入党支部支委，参与决策。

第十三条　直选产生的分工会主席可连选连任。

第十四条　基层分工会每年应组织会员（代表）对任期内经直选产生的分工会主席进行民主评议。经评议为不称职的分工会主席，报经基层工会批准，会员（代表）大会有权罢免其职务，由所在单位人事管理部门按有关规定另行安排。

第三章

分工会主席的职权和岗位责任

　　分工会主席的职权是指分工会主席为履行职务所需的权限，分工会主席的岗位责任是指分工会主席在分工会领导岗位上应履行的全部义务。两者合一就是分工会主席的职责。对于分工会主席来说，凡是关乎职工切身利益的事情，事无巨细，都是职责所在。

第一节　分工会主席的职权及作用

一、分工会主席职权的行使范围

分工会主席的工作涉及许多方面，有着丰富的内容。具体说来，主要包括：

（一）负责协助召集分工会委员会会议，领导分工会开展日常工作；

（二）参加企业涉及职工切身利益和有关生产经营重大问题的会议，反映职工的意愿和要求，提出分工会的意见；

（三）以职工方代表的身份，代表和组织职工与企业进行平等协商、签订集体合同；

（四）代表和组织职工参与分公司（厂）、车间（科室）民主管理；

（五）代表和组织职工依法监督企业执行劳动安全卫生等法律法规，要求纠正侵犯职工和工会合法权益的行为；

（六）参与劳动争议调解委员会，协助企业劳动争议调解委员会的工作；

（七）向基层工会报告重要信息；

（八）负责管理分工会资产和经费。

二、分工会主席职权确定的原则

（一）坚持自觉接受在党的领导下正确行使自己权限的原则

分工会主席在做工会的各项工作时要自觉贯彻执行党的路线、方针、政策；在党组织的领导下积极做好职工思想政治工作；积极向党组织反映职工群众的意见和愿望；凡分工会的年度计划、分工会换届方案、召开职代会方案、民主评议干部方案等重大事项提交党组织讨论，与党组织有关的工会文件请党组织批转或联合发文；分工会的决议和有关精神及时向党组织汇报；与行政在某些方面有不同意见或出现不协调时，由党组织出面协调，并帮助解决。

（二）坚持全心全意为会员群众服务的原则

分工会主席要坚持全心全意为职工群众服务；向职工群众负责，尊重和维护职工群众利益；相信群众、依靠职工搞好工作；向职工群众学习，在工人运动中开阔视野、吸取营养、提高觉悟、增长才干。

（三）坚持在法律范围内正确行使基本权限的原则

分工会主席要努力完成企业和工会组织所赋予的工作任务，并对自己所从事的分工会工作负有领导责任和法律责任。这种由分工会主席职位决定的职务责任，就是分工会主席的工会工作领导责任。

三、分工会主席的作用

分工会的性质和地位决定了基层分工会主席的作用。主要体现在六个方面。

（一）组织联系的领导作用

分工会主席承担着"组织起来"的作用。分工会主席只有密切联系群众，为职工群众说话办事，才能把职工群众很好地组织起来，更好地维护其合法权益。

（二）廉洁公正的监督作用

分工会主席要廉洁公正，只有这样才能赢得职工群众的认可和支持，才能代表和引领职工更好地发挥监督和制约作用。

（三）民主参与的代表作用

分工会主席有权代表职工参与国家和社会事务的管理，有权参与涉及职工利益的法律法规的制定。这样做，一方面是把广大职工的意愿带到上级机关，以保证决策的充分民主性；另一方面是把上级机关的各项政策决定传达给职工群众，以保证决策执行的自觉性和有效性。

（四）依法科学的维护作用

分工会主席要充分履行法律赋予的权利，依靠法律切实维护职工的合法权益。要讲究工作方式方法，提高维权工作的实效性，做到主动依法科学维权。

（五）推进合作的协调作用

分工会主席要在服从服务大局的前提下，善于运用协调的艺术和技巧来处理和解决各种矛盾。协调工作要坚持原则，在此基础上可以做出必要的让步，分工会主席首先要做协调的表率。

（六）职工思想政治和科学文化素质的教育引导作用

分工会主席要引导帮助广大职工树立社会主义核心价值观，增强他们的主人翁意识，引导职工在推动经济社会发展中建功立业。要做到善于采用多种形式开展教育活动，寓教于学，寓教于乐，讲究教育的方式和效果。

第二节　分工会主席肩负的岗位责任

一、分工会主席履行职责中肩负的责任

（一）对党负政治责任

我们的国家是社会主义国家，党的领导是工会沿着正确的方向前进的根本政治保证。《工会法》第四条规定："工会必须遵守和维护宪法，以宪法为根本的活动准则，以经济建设为中心，坚持社会主义道路，坚持人民民主专政，坚持中国共产党的领导，坚持马克思列宁主义、毛泽东思想、邓小平理论、'三个代表'重要思想、科学发展观、习近平新时代中国特色社会主义思想，坚持改革开放，保持和增强政治性、先进性、群众性，依照工会章程独立自主地开展工作。"这也是基层分工会主席应该始终坚

持的基本原则。因此，分工会主席必须自觉地接受党组织的领导，正确地执行党的路线、方针、政策，接受党组织的监督，并在政治上对党组织负责。

（二）对分工会工作负执行责任

《工会法》第二条、第五条和第六条规定："工会是中国共产党领导的职工自愿结合的工人阶级群众组织，是中国共产党联系职工群众的桥梁和纽带。""工会组织和教育职工依照宪法和法律的规定行使民主权利，发挥国家主人翁的作用，通过各种途径和形式，参与管理国家事务、管理经济和文化事业、管理社会事务；协助人民政府开展工作，维护工人阶级领导的、以工农联盟为基础的人民民主专政的社会主义国家政权。""工会建立联系广泛、服务职工的工会工作体系，密切联系职工，听取和反映职工的意见和要求，关心职工的生活，帮助职工解决困难，全心全意为职工服务。"这些法律规定明确了基层工会主席的责任。在分工会工作中，分工会主席除执行《工会法》《中国工会章程》等法律法规的要求之外，还要执行基层工会组织交办的各项任务。

（三）对基层工会组织和基层党组织负责

分工会组织必须服从基层党组织的统一领导，对基层工会组织负责并报告工作。

（四）对司法机关负法律责任

基层工会组织必须依法设置，依法行事。分工会主席作为分工会工作负责人，如果在分工会工作中违反了《工会法》《中国工会章程》等法律、法规，就要依法受到应有的惩处。

（五）对职工群众责任

分工会主席是为职工服务的，分工会主席所做的一切，归根到底都应以公仆的身份向职工群众负责、向社会负责。

二、分工会主席的岗位责任

（一）分工会主席岗位责任特点

1.分工会主席岗位职责的含义

分工会主席岗位职责，指的是分工会主席在企事业单位和其他社会组织中所具有的合法地位、从事的工作岗位和担负的工会工作。

2.分工会主席岗位职责的依据

分工会主席岗位职责，是根据《工会法》《中国工会章程》等法律、法规，并经过一定程序确定的，因而它得到《工会法》《中国工会章程》的确认和保护，得到社会的公认。这同时要求分工会主席必须恪守其位，恪尽其职。任何人都不得根据个人的意志和需要，任意设置分工会主席职位，不得废除或改变《工会法》《中国工会章程》确定的分工会主席职位，不得使用非法手段获取个人需要的分工会主席职位和职务。

3.分工会主席具有的职位和所承担的职务是统一不可分的职位决定职务，职务体现职位。一个工会主席职位，只能安排一个担任相应职务的工会工作人员；担任分工会主席职务的工作人员，必须有一个相应的分工会主席职位。没有人担任职务的职位是空缺的职位，这种职位对人对事都毫无意义；没有职位的人担任的职务是虚假的职务，这种职务只是徒有虚名，不起作用。在通常情况下，分工会主席职位和分工会主席职务应该协调一致，同步配套。不然，分工会主席便不能行使职权，无法履行职责，就会出现"有其位，无人谋政"或"有其职，无政可谋"的不正常现象。

（二）分工会主席的基本职权

1.维护权

是指分工会主席在维护全国人民总体利益的同时，依法维护广大会员群众和职工群众的合法权益及民主权利。如：分工会主席有权维护职工民主管理权利及切身利益；有权否决侵犯职工切身利益的条款；对侵犯职工合法利益的行为有权要求有关部门予以纠正；有权要求行政改善职工群众的物质生活与提供文化生活的各种设施，企事业单位辞退或处分职工不当，分工会主席有权代表工会和职工要求行政方面改变或撤销辞退或处分的决定。

2. 监督权

是指分工会主席有权代表和组织职工参加民主管理和民主监督，监督行政方面切实执行法律法规规章所规定的劳动保护、社会保障、工资奖金、劳动卫生与技术安全规则及其他有关的条例、指令；有权监督检查职工代表大会和其他民主管理制度的执行情况，保障职工民主权利的实施，在监督的基础上组织职工或职工代表对行政领导进行客观公正的评议。

3. 参与权

是指分工会主席作为工会组织的代表，有权代表工会和分工会职工参与国家、社会事务及经济和文化事业的管理，有权参与制定国家和地方的经济和社会发展计划。分工会主席有权代表职工参与本单位的管理，有权参加制订本单位的经济和发展计划，对本单位政治、生产、生活、文教、卫生等项工作有建议权，对分公司行政重大决策方案有参与制定权。

4. 协调权

是指分工会主席协调分公司工会与党委、行政组织之间的关系，协调工会内部、职工之间以及职工与其他利益群体之间关系的权利。

5. 知情权

是指分工会主席有权参加分公司党政的有关会议，阅读有关文件及内部资料、数据，查询各种有关情况；有权对分公司的经济、生产、生活、管理等工作进行调查。

三、分工会主席岗位的基本要求

（一）分工会主席的职权自身的本质特点

1. 分工会主席所具有的权力，仅仅是同其职位相联系的一种职权

分工会主席除了仅有的这种职权外，没有任何特殊的权力；只能把职权用于分工会组织和分工会工作，而不得为了个人的利益或其他任何目的去使用。

2.分工会主席具有的职权有严格的限制

首先，分工会主席职权的大小，要受到所担负的职责轻重的限制；其次，分工会主席职权的行使，要受到分工会工作范围、职务目标的限制；再次，分工会主席的领导行为，要受到党的组织、工会组织和《工会法》《中国工会章程》等法律、法规的监督、检查和制约；最后，还要受到劳动者和社会舆论的监督和约束。

3.分工会主席的职权是一种合法的政治性权力

这种权力是《工会法》《中国工会章程》确定的，并受到《工会法》《中国工会章程》的保护和监督，这种权力是分公司由会员大会或者会员代表大会授予的，并得到分公司会员大会或者会员代表大会的支持和监督。分工会主席是受分公司职工委托，依法代表职工群众行使职权的，而不是按个人意志行事的。简言之，这种职权具有鲜明的政治性和约束力。

4.分工会主席的职权是不可转让的

分公司会员大会或者会员代表大会可以依法授予分工会主席职权，也可以依法收回，任何人不得私自以任何形式把这种权力转让给其他人。分工会主席的职权不是终身的，它随着分工会主席取得职位和担任职务而存在，又随着分工会主席离开职位和停止职务而消失。作为分工会主席，在"职"时应为劳动者掌好权、用好权，离"职"后应尽自己所能，继续发挥余热，而不可利用"余权"谋取个人的利益，做有损于单位和劳动者利益的事情。

5.分工会主席的职权是会员大会或者会员代表大会授予的分工会主席的职权，不是哪个人恩赐的，是分公司职工群众和会员大会或者会员代表大会授予的。但在现实生活中，有些非公企业的工会主席却错误地认为自己当了工会主席、有了权力，主要是企业主对自己的信任、重用，由此形成一种不正常的依附关系，影响了分工会主席与企业的平等关系和与职工的鱼水关系。作为分工会主席，必须正确认识自己权力的来源，摆正自己与单位和劳动者的关系。

（二）分工会主席的职权要求

1.要树立强烈的政治意识

认真学习贯彻习近平新时代中国特色社会主义思想和党的二十大精神，保持正确的政治立场，坚定正确的政治方向，保持清醒的政治头脑，不断增强政治敏锐性和政治鉴别力，在思想上、政治上、行动上与以习近平同志为核心的党中央保持高度一致，自觉接受党对工会工作的领导，处理好工会与政府的关系。善于从政治上、大局上认识和把握问题，不断提高驾驭工会工作全局和处理复杂局面的本领。自觉维护工会组织和工人阶级队伍的团结统一，自觉维护安定团结的政治局面，充分发挥工会在党和国家工作大局中的重要作用。

2.要不断提高社会活动能力

善于把分工会工作纳入社会的整个运行体系中去运作，把活动空间向社会领域拓展，充分利用社会资源，推进工会工作的社会化；不仅要有单位意识，还要有社会意识，强化社会责任；既要维护职工的经济利益、民主政治权利和精神文化权益，还要维护职工的社会权利。

3.要具有较强的沟通、协调、组织能力

形成融洽的人际关系，树立良好的社会形象。要具备协调劳动关系的专业知识和业务能力，善于发现、分析、研究劳动关系的热点、难点问题，运用相关法律法规政策和制度机制，帮助职工解决劳动就业、收入分配、社会保障、劳动安全卫生等方面的困难和问题；熟悉和掌握职工群众的生产生活和思想状况，尊重和理解职工的意愿要求，对职工群众充满感情，善于开展思想政治工作，理顺情绪、化解矛盾，维护职工队伍和社会政治稳定。

 例文

当好基层分工会主席的几点体会

车间工会工作是企业党政与广大员工群众之间沟通联系的基础和纽带桥梁。其工作面涉及广，内容十分繁杂。从表面上看，工会主席从事的一些工作在人们眼里可能是一些鸡毛小事，但如果针对我们某一位员工个人来讲，可能又是一件大事。作为一名分工会主席，要想把车间工会的每项工作都做好，其工作量和工作难度应该说比较大，必要的时候还得牺牲不少的个人休息时间。比如，当车间里的某位员工生病住院，或是有员工以及员工的直系亲属病故时，要去看望他们、关心他们；再如，员工与员工之间，员工与班组之间，班组与班组之间发生矛盾时，他们要去调解，调解前，要对他们双方各自的脾气、修养、思想觉悟、具体原因进行了解，从而根据不同的对象、不同的情况，采用不同的方式和方法去说明对方，化解矛盾。

做好车间兼职工会主席岗位工作，我的体会主要有以下几点。

一、牢记岗位职责，提高服务意识

工会工作的基本职责是维护、参与、建设、教育，为履行好自己的职责，作为工会主席，就要尽量地利用时间去学习工作的基本理论、工作方法和相关的法律法规，提高自身的工作能力。积极参与车间各项管理制度的制订和修订，参与车间的绩效考核、奖金分配、工资调整的讨论，发表自己的意见和建立，利用一切有利条件去为员工群众说话、办实事。

二、搞好两个关系

一是搞好与广大员工群众之间的关系。作为一名基层工会主席，要与员工交朋友，多与他们交心谈心，倾听他们的心声，收集大家对车间管理的意见和建议，了解员工的思想，明白员工的合理需求，敢于和善于为群众说话办事，掌握工作技巧，及时向车间党政或上级工会组织反映，尽力圆满解决问题和矛盾。

二是搞好与车间党政、与上级工会组织以及与车间有关联的单位之间的关系，为工会工作的开展创造更为有利的条件。比如，分工会要组织开展文体活动需要临时抽调人员；或者开展职工小家、"工人先锋号"建设活动需要经费，都离不开党政的理解和支持，或是需要相关单位的合作，如果没有把关系协调好，就会给工作的开展带来一定困难，所以要做好车间的工会工作，协调好各方关系十分必要。

三、要主动配合和支持车间党政抓好安全环保生产工作

生产车间的工作重点：一是搞好安全环保、产品质量产量，二是抓好节能降耗、生产装置长周期运行。要搞好这些工作，都离不开人的因素。作为车间的工会组织，应该有意识地引导和动员广大员工群众积极参与到这些工作中去，树立正确的工作态度，摆正车间与员工个人利益之间的关系，以实际行动支持和配合党政抓好安全环保等各项工作。

四、善待他人和吃得亏

基层工会主席岗位的工作，是一年 365 天都在与车间员工群众直接或间接地打交道，在相处过程中，在某些时候或事情上，难免与他人发生摩擦以及利益上的冲突。如果发生了这类情况，要保持高姿态，做到与人为善，在利益得失上还要吃得亏，人们常说"吃得亏，才打得拢堆儿"，就是这个道理吧。

五、做好工作记录

为更好地适应公司规范化、正规化管理，按照公司工会工作的新要求，车间工会在开展各项工作的同时，作为工会主席，要自觉地养成做好工作记录的习惯。做工作记录有两大好处：一是通过记录可以对所开展的工作有个记载，从中可以总结经验和查找差距，以便今后改进和提高；二是在记录过程中还可间接地激发自己的思考能力，提高自己的写作能力。

第四章

分工会主席的社会角色

　　分工会主席是一个特定的社会角色，与其角色相关联的是相应的权利和义务。分工会主席需要对自己的特定角色有完整的理解、准确的把握，即明白自己所处的位置，能够承担和行使与分工会主席相适应的义务和权利。

第一节　分工会主席社会角色的价值定位及意识需求

当前，在全面深化改革的过程中，工会肩负着构建新型社会主义劳动关系、维护职工合法权益等重大使命。在新形势下，工会的责任越来越重，职工群众对工会的期望值越来越高。火车跑得快，全靠车头带，要做好分工会工作，离开分工会主席是不可想象的。而要做好一名分工会主席，就需要有过硬的政治素质、文化素质、品行作风和工作能力，时刻注意提升自己的综合素质，尽职尽责，准确把握角色定位，做好职工合法权益的维护人、职工参与管理的代言人、与职工心心相印的知心人、企业管理的内行人。

一、分工会主席社会角色的价值定位

要当好一名分工会主席，必须时刻把职工的合法权益放在心上，勤于思考，勇于探索，精心规划，贴近实际，既要依法保障职工的合法权益，又要兼顾企业的长远发展。如若要当好一名分工会主席，除具备高深的政治素养和理论素养以外，在工作方法上还要做到"五心"，即爱心、诚心、细心、热心和耐心。

（一）爱心

爱心就是给人以关爱，给人以温暖，对于职工来说，工会组织就像是一个"家"，关爱和温暖是维系这个"家"的核心所在，要让每一位职工都感到关爱与温暖，是工会义不容辞的责任。当职工遇到各方面的困难，需要帮助的时候，工会组织伸出援助之手，是理所应当的。而分工会主席就像是"娘家人"，怀着一颗火热的爱心，为职工排忧解难。分工会主席应努力营造和谐氛围，让职工怀着愉悦的心情工作，让每一个职工都能感受到工会的温暖和关爱，使工会成为他们的依靠。

（二）诚心

诚心就是实实在在，怀着一颗搞好分工会工作的赤诚之心，与职工坦诚相待。实在说来，分工会工作没有也不应该有刚性的任务和指标，做多做少，做紧做慢，完全由自己掌握，但分工会主席却不能因此放任自流，而应诚心诚意地为职工工作，诚心诚意地做好工作。公道自在人心，分工会主席只要肯于付出，诚心工作，是一定会得到职工们的赞赏的。

（三）细心

细心就是细致入微，认真工作，不浮光掠影，走过场，走形式，粗心大意。分工会主席应养成认真思考的习惯：今天的工作做得好不好，有什么经验和教训；明天的工作怎么开展，有哪些方面需要拓展。因为工会工作涉及面广，连通上下，不细心是干不好的，丝毫也马虎不得。任何形式的懈怠和疏忽，不仅会影响到自身作为分工会主席的形象，同时也会损害分工会的声誉，必须着力避免。分工会主席应认真细致地规划和部署分工会工作，认真细致地推进各项工作的开展，及时总结工作得失，使分工会工作富有实效。

（四）热心

分工会主席应努力为困难职工排忧解难，当好职工群众的贴心人。在具体工作中，应充分树立"群众利益无小事"的观念，切实有效地帮助、关怀，积极发挥工会组织优势，协助党政做好扶贫济困工作，开展调查研究，关注弱势群体，在大病医疗、互助保险、困难职工住房、子女上学等具体问题上多做工作，绝不让因家庭贫困的职工看不起病、子女上不起学，把党和工会的温暖送到每个困难职工的心中。

（五）耐心

耐心就是不怕麻烦。在顺利的时候，不能做娇嫩的鲜花，而遇到困难的时候，同样不能做粗糙的树根。关键是能不能始终将自己的工作当作一项事业来做，坚定自己的信念，坚持自己的理想。基层工会工作的性质决定了不可能有立竿见影、掷地有声的效果，大量的是和风细雨、潜移默化，这就需要有持之以恒的耐心。这也是分工会主席的基本素养。同时分工会作为职工之家，职工中鸡毛蒜皮的事都会来分工会倾诉，作为分工会主席就要有耐心倾听，帮其出谋划策，认真解决。

二、分工会主席社会角色的意识需求

创新是 21 世纪最显著的时代特征，也是对高素质工会干部的必然要求。基层工会工作要实现创新，分工会主席必须增强以下四种意识。

（一）要增强大局意识

"不谋全局者，不足谋一域。"从大局中找准方位，扮好角色，发挥特色，围绕企业、部门中心任务，创造性地开展各项活动，把广大职工的积极性、智慧和创造力引导到企业改革发展上来，促进企业的发展。实践证明，工会围绕大局做好工作，更能赢得职工拥护。

（二）要增强创新意识

形势在发展，社会在进步，工会工作也要与时俱进，求新求变，才能跟上时代的节拍。在推进分工会工作创新方面，要力求冲破思维定式，实行换位思考，辩证思维，努力实现观念的创新，找准自己的位置，自觉把分工会工作置于单位发展大局中去定位、去运作，避免陷入就工会论工会的误区。例如：谈维护，既要讲维护职工的具体利益，也要讲维护集体的整体利益；论分配，既要强调职工物化劳动在分配中的地位，兼顾公平的原则，也要重视技术、知识、管理、资本等智力劳动在分配中的地位，注重效率优先的原则，支持行政领导合理拉开收入差距，使各种要素在利益分配格局中合理配置。

（三）要增强调查研究意识

基层工会工作如何创新？怎样发展？"没有调查研究，就没有发言权。"为了掌握工作的主动权，基层分工会主席要把调查研究作为一项基本功，无论工作多忙，每天都必须抽时间深入一线，只有多走、多看才能多了解职工的思想动态，以便于更好地开展工作。

（四）要增强团队意识

搞好基层工会工作，既要依赖工会干部的运筹帷幄，更要依靠团队成员的团结奋斗。分工会主席再"高明"，充其量也只是个"领头雁"，离开团队的力量，一个人不可能独自成功。做好团队工作，需要注意以下几个方面：首先，要用"对职工负责，为基层服务"价值观来规范团队的行为；其次，要对工作实行责任制，既分工又合作，形成合力，充分发挥分工会委员的作用，让他们积极参与到分工会的各项组织工作中来。一般情况下，大家都知道分工会主席难当，分工会工作不容易干。但是，只要我们认识到，党组织为了密切联系职工群众，需要有人从事工会工作；企业为了协调干群关系，稳定队伍，调动职工积极性，需要有人从事工会工作；职工群众为了维护自己的合法权益，需要推选干部从事分工会工作，那我们就会无怨无悔地去做分工会工作，去干好分工会主席。只要我们都把"当好分工会主席，服务广大职工，促进企业发展"的理念挂在心上，增强以上四种意识，那么，分工会主席一定会当得有滋有味，也一定能从工作中找到乐趣。

第二节　分工会主席社会角色的特点及内涵

分工会是分公司广大职工利益的代表者和维护者，是分公司党组织联系职工群众的桥梁和纽带。在新形势下注重加强分工会主席的队伍建设具有重要意义，是确保党在发展中国特色社会主义历史进程中始终成为坚强领导核心的现实需要。

一、分工会主席社会角色的特点

工会的性质决定了它必须在党的领导下，竭诚地维护职工合法权益。进一步提高工会的社会地位，使分工会主席说话有分量、办事有力度、地位受尊重，直接体现了党对广大职工利益的关心和重视。分工会主席须经常倾听职工群众的呼声和要求，了解掌握他们的生产、生活和学习情况，懂得怎样为职工说话办事、依法维权，建立更加高效便捷的工作机制，保障职工合法权益，充分调动他们的积极性、创造性，实现企业与职工互利共赢共同发展。

（一）党和政府联系职工的中间人

工会组织是党和政府联系职工的桥梁和纽带，坚持党的领导是工会的政治原则、本质要求和根本保证。作为分工会主席就要自觉和主动地在大局中谋划、找准工作的切入点和着力点，不断推动分工会工作的创新与发展。要紧紧围绕既要维护职工合法权益，又要维护企业稳定的要求，参与和推进国企改革，保障好职工的切身利益，帮助下岗职工实现再就业，并加大对改制企业困难职工的帮扶力度，确保职工队伍稳定；要紧紧围绕经济发展方式转变，大力弘扬中国工人阶级伟大品格，团结动员广大职工把智慧和力量凝聚到经济发展方式转变中来。

（二）职工合法权益的维护人

紧紧围绕职工最关心、最直接、最现实的利益问题，维护职工合法权益，是工会的神圣职责。面对工会维权工作日益复杂、涉及面越来越广、政策性和专业性越来越强的新情况，分工会主席既要统筹兼顾，全面维护职工的劳动经济权益、民主政治权利、精神文化权益和社会权利，又要突出重点，着力解决职工群众在劳动就业、劳动安全卫生以及女职工特殊权益等方面面临的突出问题。工会是广大职工的群众组织，分工会主席是职工群众的代言人，不能"官味"太浓，必须围绕大局开展工作，不能害怕矛盾，无所作为，而是应积极学习提高素质，熟练掌握各项法律法规和政策，做到知法、懂法、会用法，懂维权、会维权，同时要改进工作方法和工作作风，建立各种通畅有效的信息渠道，全方位、多角度掌握职工的思想、生活状况和存在的实际问题，在最大限度和范围内化解矛盾，做好职工群众的维权贴心人，当好企业领导的参谋助手。

（三）职工参与管理的代言人

工会作为党领导的工人阶级的群众组织，具有组织体系健全、联系群众广泛、熟悉基层情况等特点，在动员和组织广大职工服从大局，积极参与社会管理等方面起着不可替代的作用。分工会主席都要切实加强领导，明确工作职责，找准自身定位，探索努力方向。充分发挥工会组织参与加强和创新企业民主管理的作用，充分发挥职代会的作用，鼓励职工积极参与企业民主管理。在企业管理决策过程中，工会代表职工积极参与。这就要求分工会主席要认真履行职责，注重发挥源头参与的作用，组织职工积极提出合理化建议、集思广益，使广大职工的建议和呼声能够及时准确地体现到企业决策和各项改革措施中去。分工会主席还要具备观察分析和解决问题的能力，及时地解决职工群众关注的一些热点、难点问题，准确掌握职工群众的思想脉搏，有针对性地做好工作。

（四）关心职工生产生活的知心人

分工会主席要脚踏实地、一门心思服务好职工，满腔热忱帮助职工做好事、办实事、解难事，用取得的实际绩效，赢得职工群众的拥护，从而增强工会的吸引力和凝聚力。广大职工希望工会干部能与他们打成一片，在他们思想有疙瘩时，能与他们促膝谈心；在改革措施不理解时，能为他们释疑解惑；在发生矛盾纠纷时，能为他们出面调解；在遇到暂时困难时，能为他们排忧解难。因此，分工会主席要主动拉近与职工群众的距离，经常倾听职工的呼声，加大调查研究的力度，做到底数清、情况明，了解职工在想什么，要求什么，需要做到：一是积极推动政府制定和完善涉及职工切身利益的政策措施。要协助政府解决劳动就业、收入分配、社会保障等职工最关心、最直接、最实际的利益问题。二是要进一步做好困难职工帮扶工作。困难职工帮扶工作是工会的一项特色品牌，在宣传好困难职工帮扶政策的同时，更要积极拓展帮扶范围，完善帮扶方式，提高帮扶水平，实现工会帮扶工作与社会公共管理有机衔接，把党和政府的温暖送到广大职工的心坎上。真心实意地为职工办实事、办好事，切实把职工群众的利益实现好、维护好、发展好，提高工会在职工群众心目中的形象。

（五）工会事业发展的开拓人

面对新形势新任务新要求，分工会主席要不断扩大自己的知识面，不断在实践活动中锻炼和提高自己，做工会事业发展的开拓人，不仅要懂工会工作，还要懂法律、懂经济、懂管理，掌握更多的新知识、新技能、新本领。新形势下的分工会工作，一定要坚持解放思想、实事求是、与时俱进的原则，勇于和善于根据实践的要求积极主动地进行创新，突出实效创造性地开展好工会工作。在工会工作中要努力改变教条化的工作模式、行政化的工作倾向，跳出单纯以会议、文件、活动、检查来开展工作的模式，大胆探索符合时代特点、适宜群众参与、党政接受认可，更加开放、自主、灵活的运行机制。分工会主席要有勇于吃苦，甘于奉献的精神，主动找事干，只要对职工有利的事，都要多想、多干、多实践，根据单位的生产和职工的特点，组织职工开展好劳动竞赛、技能竞赛、文体活动，不断摸索总结经验，干出特色，不断满足职工群众对美好生活的向往，真正赢得职工群众的信赖和支持，在更高水平上实现单位与职工"双赢双满意"。

二、分工会主席社会角色的内涵

分工会主席是社会存在的一个特定的角色，在新的形势下，这一特定角色又具有许多新的特征，诸如代表维护者、组织协调者、社会活动者、教育引导者等。莎士比亚说："世界就是一个大舞台。每个人都在这个舞台上来来往往，上上下下，扮演着一个或是几个角色。"分工会主席要对自己的特定角色有一个完整的理解、准确的把握，明白自己所处的位置，能够承担和运用与之相适应的义务和权利。

（一）分工会主席是职工合法权益的代表者和维护者

工会要在维护全国人民总体利益的同时，更好地代表和维护职工群众的具体利益，这是我国工会的一个重要职能。《劳动法》第七条规定："工会代表和维护劳动者的合法权益，依法独立自主地开展活动。"《中国工会章程》总则中规定："中国工会的基本职责是维护职工合法权益，竭诚服务职工群众。"因此，基层工会主席作为基层工会组织的法人代表，代表和维护职工群众的合法权益是其最基本的角色特征及要求。分工会主席要担负起分工会组织负责人的责任，要扮演好职工群众的代言人和保护人的角色，使自己真正成为职工群众具体利益的代表者和维护者。能否有效地代表和维护职工群众的具体利益，是衡量一个分工会主席是否称职、出色的重要标准。分工会主席要善于深入群众，了解职工群众的愿望和要求，敢于、善于代表和维护职工群众的具体利益。

（二）分工会主席是分工会组织内外各种关系的协调者

分工会主席协调的内容主要有：一是分工会组织的内部关系；二是分工会组织与其他组织的关系，即外部关系。分工会组织的内部关系协调，主要是分工会与职工群众（会员）的关系协调、工会领导班子成员及工作人员之间的关系协调、职工内部的关系协调等。其中，工会的会员关系是分工会工作的生命线，分工会主席要重视协调与所属工会会员的关系，加强分工会组织与工会会员的内在联系；分工会领导班子成员及工作人员关系的协调，则关键是做好分责分权，强调分工合作，相互理解支持。分工会组织外部关系的协调，主要是协调与分工会工作关系密切的党政组织、群众团体、社区组织、新闻媒介等，外部关系协调的方式和途径要根据形势的客观变化，积极进行探索。

（三）分工会主席是职工思想政治和科学文化素质的引导者

要使分工会真正成为教育人、激励人的"共产主义学校"，就必须做好广大职工群众的思想和科学文化的教育引导工作。通过组织职工自学或引入培训的方式，解决职工群众的思想观点、政治立场问题，提高他们认识世界和改造世界的能力，提高他们的文化技术素质，使他们更好地为现代化建设服务。

（四）分工会主席是社会活动者

工会是最具广泛性的群众组织，分工会工作本身具有很强的社会渗透力，分工会主席需要广泛地参与社会工作，承担着大量的社会工作，这就使得分工会主席的工作内容中必然有大量的社会活动，从而相应地要求分工会主席理应成为社会活动者。概而言之，工会是广大职工群众的组织，分工会主席是职工群众的代言人，有别于其他行政领导，不能"官味"太浓；分工会主席不是群众尾巴，必须围绕大局开展工作，也不能"民味"太重；分工会主席更不能害怕矛盾，无所作为，平淡"无味"。要当好一名分工会主席，一定要实事求是，妥善处理好工会与党组织的关系、工会与企业行政管理的关系，以及工会与职工群众的关系，积极主动地接受党的领导，争取党组织和企业行政组织的理解和支持，教育职工、宣传职工、动员职工、组织职工，团结职工，充分发挥职工群众的凝聚力、创造力和积极性，发挥工人阶级主力军作用，唱响新时代奋斗者之歌。

 例文

如何树立分工会主席的务实形象

务实，就是少说空话，多做实事，不尚空谈，扎实苦干，不图虚名，说到做到。只有这样，才能真正发挥好分工会主席的作用。具体来说，就是要做到"六实"。

一、说话要朴实。分工会主席在工作中常常上传下达，布置任务。要用一颗平常心与职工交流，讲话要实实在在，不要讲空话。要尊重客观事实，不要言过其实；要言之有物，说的内容要具体可操作。

二、汇报要如实。分工会主席与职工群众朝夕相处，是党政联系职工的纽带，也是职工的代言人。因此，讲成绩，要一是一，二是二，不夸大，不缩小。反映他人的情况原汁原味，实事求是，不以个人的好恶和感情色彩臆断，更不能对自己不喜欢的人恶意中伤，这是作为分工会主席应具备的起码的品德。

三、调查要扎实。毛主席说过，没有调查，就没有发言权。分工会主席的重点工作就是深入班组，深入一线，深入职工群众中听职工关心的焦点和呼声。一定要全面细致，掌握真实情况。要什么话都能听得进，让人把话说完，切忌听喜则笑，听忧则跳，在职工群众面前要甘当小学生，与职工交朋友，以诚相待，不懂就问，真正营造听真话、讲实情的氛围。

四、办事要老实。人们常说，工会是一无权，二无钱。其实，工会要监督落实诸如劳动法、企业法等一些关于职工劳动保护和生活福利的法规的执行，因此，分工会主席在执行这些法规的过程中，必须老老实实，决不能对自己、对部门有利就执行，无利就拖着，更不能置政策规定于不顾，我行我素，搞"上有政策，下有对策"。政策规定中尽管可能有不够完善的地方，但在没有调整之前，必须严格遵守，有建议可以通过正确渠道提出来，但在执行过程中不能说三道四，评头论足，搞自由主义、个人主义，钻"空子"，打"擦边球"。

五、工作要扎实。这是树立分工会主席务实形象的关键所在。要始终着眼于全面、长远和实效，不要一味地赶时髦，讲排场，图形式，搞"短期行为"和"轰动效应"。分工会主席要发扬吃苦耐劳的精神，有一抓到底的狠劲，一说就做的实劲，一以贯之的韧劲，不干则已，要干就要有结果。

六、活动要求实。工会的主要职能之一就是组织丰富健康的文化、体育活动，活跃职工生活，陶冶职工情操，使广大职工在工作之余得到精神上的享受。组织活动应该大众化，趣味化。因此，作为分工会主席应从大处着眼，多组织一些大众化的形式新颖的项目，使大家都能参与，这样分工会工作才能赢得职工的喜爱和认可。

第五章

分工会主席自身素质的培养

　　分工会主席的素质，包括分工会主席通过后天的学习和实践养成的实施领导和管理活动的基础条件和内在要求。分工会主席的素质具有时代性、综合性、层次性等特殊属性。良好的素质是分工会主席正确履行职责和形成影响力的客观基础和重要条件。

第一节　分工会主席自身素质的内涵及要求

分工会主席的自身素质是开展分工会工作所应具备的内在基本条件，是分工会干部在德、才、学、识诸方面的水平与特征。与时俱进地打造分工会主席的综合素养是新形势下对基层工会干部队伍素质的必然要求。

一、分工会主席应具备的素质内涵

分工会是整个工会工作的基础。分工会主席是分工会工作的领导者和组织者，直接面对广大职工群众，承担了最直接、最重要的工会工作。其素质高低直接关系到工会作用的发挥，关系到工运事业的兴衰。因此，提高分工会主席的素质，始终是工会自身建设的重要任务。

(一) 分工会主席应具备的政治素质

政治素质是分工会主席基本素质中最为重要的要求。作为一名分工会主席，必须坚持中国特色社会主义工会发展道路，树立中国特色社会主义工会维权观，始终在思想上、政治上、行动上与党中央保持一致。分工会主席要加强党的路线方针政策的学习贯彻，并将之贯穿于工作的始终，不断提升理论素养，增强党性修养；要始终站在巩固党的执政地位、维护社会主义国家政权的高度，加强与职工群众的密切联系，积极组织和动员广大职工在促进社会和谐、维护社会稳定中发挥主力军作用；要全身心地投入分工会工作，热心为职工群众服务，有高度的事业心和责任感，敢于为职工说话，做到代表群众、服务群众和教育群众的统一；要识大体、顾大局、明是非，自觉约束自己的行为，始终围绕党和国家大局开展分工会工作。

(二) 分工会主席应培养的道德素质

道德是人们的行为规范和准则。作为一个特殊的社会角色，企业和会员对分工会主席的道德品行有着特定的规范和要求。

1.忠于职守，勤奋工作

分工会主席要热爱自己的工作，履行自己的领导职责，忠于职守，勤奋工作，使自己逐步形成强烈的工作责任心，做一个名副其实的工会主席。

2.坚持原则，不谋私利

分工会主席要坚持原则，敢于和善于同侵犯职工合法权益的现象作斗争。同时，要严于律己，不谋私利，把国家、集体和工人群众的利益放在首位，做"先天下之忧而忧，后天下之乐而乐"的好干部。

3.作风民主，联系群众

群众性是工会组织的重要特色，工会的基础在群众，工会的力量来自群众。一个工会干部如果脱离群众就失去了自我存在的基础和力量的源泉。分工会主席在日常的工作中要坚持作风民主，接受群众的监督，要深入群众，认真调查研究，了解职工群众的愿望和要求，努力为职工说话办事。要心系职工群众，真诚面对职工群众，始终站在职工群众的立场上想问题、办事情要谦虚谨慎，心胸宽阔，有容人、容事、容言的雅量，有不事张扬、推功揽过的风度等。

（三）分工会主席应构建的知识素质

知识素质是分工会主席的必备素质之一。随着新科学、新技术和新知识的不断涌现，分工会主席需要学习和重新学习的东西很多。在社会主义市场经济条件下，分工会主席要重点掌握现代科技知识和生产经营管理知识、法律法规知识和相关专业知识。

1.现代科技知识和生产经营管理知识

科技是第一生产力。科技的发展，也促进了人们思想观念不断更新。分工会主席要从事关国家发展大局的高度来增强学习的自觉性，潜下心来，认真学习各类现代科技知识，承担起自己在企业中的本职工作。同时要从发挥工会作用、为职工代言的角度出发，掌握企业生产经营管理知识。

2.法律法规知识

依法治会，依法管会，离不开学习法律知识。为此，分工会主席要切实增强法律意识，自觉学法、知法、用法、依法办事。结合本职工作，系统地学好与工会工作相关的法律法规知识，特别是《工会法》《劳动法》《公司法》《劳动合同法》《劳动争议调解仲裁法》《社会保险法》及《企业工会工作条例》等。

3.工会和专业知识

工会专业知识包括工会理论、工人运动史和工会工作的基本知识等。由于活动范围多在企业，分工会主席除了熟悉和掌握与工会工作相关的法律法规，还应具备劳动法律、市场经济、企业管理等方向的专业知识。包括：《企业民主管理规定》《中华全国总工会关于加强公司制企业职工董事、职工监事制度建设的意见》等企业民主管理的规定；《集体合同规定》《工资集体协商试行办法》等劳动合同和集体合同的规定；《失业保险条例》《工伤保险条例》等社会保障的规定；《安全生产法》《职业病防治法》《女职工劳动保护特别规定》等职业安全卫生的规定；其他民事、经济法律方面的规定，如《劳动合同法》《专利法》《产品质量法》及税收等方面的法律、法规、政策。

4.群众文化活动知识

群众文化活动知识是组织职工开展各种寓教于乐的群众文体活动所需的基本常识。具备这类知识有助于培养职工群众的兴趣和爱好，提高职工群众的文化素质，实现教育职能，同时增加与职工群众的交往机会，拓宽沟通渠道，增强人际吸引力，扩大交友面，为开展工会工作创造宽松的人际环境。另外，计算机应用知识已成为现代社会成员必须具备的基本技能，分工会主席同样应达到熟练的程度。

（四）分工会主席应养成的职业素质

工会工作的职业特点决定了分工会主席的职业素质要具有群众性、社会性和服务性。

1.群众性

工会是工人阶级的群众组织，其最突出的特点就在于群众性。新形势、新任务要求基层分工会主席比以往任何时候都更加注重组织群众、动员群众，充分发挥广大职工群众在推进企业改革发展历史进程中的重大作用，为实现全面建成小康社会目标作出新贡献。

2.社会性

工会是党联系职工群众的桥梁和纽带，是职工群众利益的代表者和维护者。构建和谐社会是党和国家现阶段的重大战略任务，工会在其中发挥着不可替代的作用。基层分工会主席要全面把握和谐社会的本质要求，进一步教育职工、组织职工、引导职工，不断提高服务职工的水平和能力，努力推动和谐企业、和谐社会建设。

3.服务性

分工会主席要进一步贯彻全心全意依靠工人阶级的方针，把为职工群众服务作为分工会工作的出发点和落脚点，充分运用服务的载体和手段，提高服务的针对性和实效性。在政治上保证职工的主人翁地位，在制度上落实职工的民主权利、经济利益和精神文化权益，努力维护好职工的合法权益。

二、分工会主席提高自身素质的要求

加强基层工会干部特别是分工会主席的能力建设，使其普遍成为学习型干部，是新时期基层工会干部队伍建设的重要内容。在新的形势下，工人阶级队伍发生了重大变化，工会工作的重要性、复杂性和独立性明显突出。作为基层分工会组织的领导者和组织者，分工会主席必须掌握适应时代发展要求和本职工作需要的知识与本领，具备较高的理论政策水平和扎实过硬的业务能力，努力做一名学习型分工会主席。

（一）分工会主席要成为"学习型"工会干部

1.政治性学习

要深入学习马克思列宁主义、毛泽东思想、邓小平理论、"三个代表"重要思想、科学发展观、习近平新时代中国特色社会主义思想，特别是学习习近平总书记关于工人阶级和工会工作的重要论述，不断提升思想政治素质，增强把握政治方向的能力，提高运用科学理论分析和解决工会工作中的实际问题的能力。分工会主席只有在理论上坚定和成熟，才能保持清醒的政治头脑，增强政治敏锐性和政治鉴别力，从而保证分工会工作正确的政治方向。

2.应用性学习

主要是指工会业务知识的学习和实际工作能力的培养。基层分工会主席要做到熟练掌握工会的基础理论和各项业务知识，精通劳动就业、工资分配、社会保障、劳动安全卫生等各方面知识，同时也要学习工会工作必需的市场经济知识、科技知识等，通过持之以恒的学习和实践，掌握社会主义市场经济条件下工会工作的规律，成为工会工作的行家里手。此外，由于工会工作涉及的范围广、层次多、头绪多，与职工群众联系密切，基层工会主席还要学习和培养处理行政事务和综合协调能力，注重应对突发事件和预先防范能力的培养，在处理急、难、重和复杂问题中彰显作为。

3.能力性学习

通过提高动脑、动手能力，提升在工作实践中获取知识的能力。分工会主席要紧紧围绕企业各个时期的中心工作，进一步思考在现代企业制度下工会工作如何配合党政工作；如何维护职工合法权益；如何加强自身建设工作；企业需要工会干什么，职工要求工会干什么，工会能干什么，重点干什么等。在科学理性思考的基础上，形成自身工作路数，抓出特色工作，提高维权水平。要深入实际调查研究，清楚地掌握职工群众的心声、生产和生活状况，及时反映职工诉求，真心实意地为职工说话办事。全面提高工作水平。同时，基层工会主席要勤练笔多撰稿，从大处着眼、小处着手写下所思、所想，不断提高自身的文字表达能力。

4.创新性学习

学习的过程是一个消化吸收、吐故纳新的过程。激活思维、理性思考、勇于创新是学习的目的，也是推动工会工作向前发展的动力之源和关键所在。面对新的形势任务，照搬沿袭传统的工作方法，显然已跟不上时代发展要求。分工会主席要在学习方式上加以创新，从单一参加学习培训向进一步更新观念，吸收新知识、新技术转变；从"缺什么补什么"的被动学习方式向主动超前跨岗学知识、学本领，提升综合素质转变；从一纸文凭定终身的传统思维定式向树立终身学习的全新理念转变。通过学习，形成开放、创新、务实的思维方式，用市场竞争观念、权利义务观念、法治观念、信息观念取代不合时宜的旧观念，通过学习形成新的工作思路，制定新的举措，实现新的突破，开创新的局面，提高自身工作的标准和效益。

（二）分工会主席必须当好"实干家"

分工会主席生活在广大职工群众中间，是分工会工作的排头兵。因此，分工会主席要努力成为帮助职工解难事、办实事、做好事的实干家。

1.做好服务职工群众的"实干家"

分工会主席要把为职工群众服务好、办好事作为自己的重要任务，把服务工作做到位、做到家，尽心竭力为职工排忧解难。要关心服务职工群众，首先得贴近群众，要怀着深厚的感情，深入职工群众，了解职工意愿，倾听职工呼声，始终与职工心连心，同呼吸，共命运。要通过参与、监督、帮扶等各种途径，努力推动职工生产、生活问题的解决。此外，还要重视培养自己的办事能力，善于从事关职工切身利益的具体事情切入，在具体和深入上动脑筋、找措施、下功夫，切实帮助职工群众解决最现实、最关心、最直接的利益问题，在实践中增长才干。

2.善于调动职工群众力量

分工会主席要做"实干家"，还要避免自己一个人单干，要努力争取广大职工群众的理解与支持，善于调动群众力量。其实，分工会主席不是什么"官"，应该是职工群众心目中的"娘家人""代言人"，只要努力替职工说话办事、谋利益，敢于、善于维护职工的合法权益，就一定能够得到职工群众的信赖和支持，做到说话有人听、办事有人应，真正成为有影响力、号召力的名副其实的"实干家"。

（三）分工会主席要成为协调关系的专家

当前，职工权益维护面临大量新情况新问题，对工会维护职工合法权益提出了新的更高的要求。分工会主席协调的内容主要有两个方面：一是分工会组织的内部关系；二是分工会组织与其他组织的关系，也称外部关系。

1.分工会组织的内部关系协调

主要是分工会与职工群众的关系协调、分工会领导班子成员及工作人员之间的关系协调、职工内部关系的协调等。分工会与职工群众的关系也可称为分工会与工会会员的关系，这之间的关系是工会工作的生命线。分工会主席要重视协调与工会会员的关系，加强分工会组织与工会会员的内在联系。分工会领导班子成员及工作人员关系的协调，关键是做好分责分权，强调分工合作，相互理解支持。职工内部关系的协调主要是指企业内部各类职工群体间利益矛盾的处理，此外还包括职工住宅区内邻里关系、职工家庭内的夫妻关系和婆媳关系等。协调好以上工会组织内部关系，有利于增强工会组织自身的凝聚力和向心力。

2.分工会组织外部关系的协调

主要是指与分工会工作关系密切的党政组织、群众团体、社区组织、新闻媒介等的关系。外部关系协调的方式和途径要根据形势的客观变化，积极进行探索。例如：积极参与企业制度制定和执行检查工作；通过召开与行政联席会议，把职工群众的利益和工会的主张体现到行政的制度制定和总体部署中去；及时协商解决本单位、本部门劳动关系方面的突出问题，进一步加大参与力度。

此外，随着基层工会工作的推进，分工会主席面临着更多的挑战，因而承受的心理压力更大，必须要有良好的心理素质，才能时刻保持高度的果断与冷静。良好的心理素质包括以下几方面的内容。

一要有自信心。拥有适当的自信会不断激励自己去进取，去竞争。

二要有自知力。对分工会主席来说，应该知道自己的长、短处及优、劣势领域，知道别人对自己的看法。

三要自我激励。分工会主席要热衷于正在进行的目标，并对所从事的工作有着较高的激情。

四要有自控力。分工会主席的自控力对分工会工作成败的影响很大，有时还真实和客观地反映着分工会主席的成熟程度。

第二节　分工会主席自身素质的提升

新时期要求基层工会组织要真正能够保护和调动广大职工的积极性，充分发挥党联系职工群众的桥梁和纽带作用，这对分工会主席的领导素质、领导水平和领导能力提出了更高的要求。做一名合格的分工会主席，要不断提升自身的素质，以适应社会和工会事业发展的需要。

一、努力学习，提升科学文化素质

分工会主席的素质与他本人掌握的科学、文化知识有着直接关系。一般说来，掌握科学文化知识必须以一定的素质为前提；反之，掌握了科学文化知识又能促进素质提高。要获取科学文化知识，必须努力学习。分工会主席面临的工作头绪多，任务重，接触到的新情况、新问题层出不穷，尤其是他所面临的职工群众的科学、文化知识水平也越来越高。要带领这样一支较高素质、较高文化知识水平的职工队伍去完成各项工作任务，作为分工会主席，没有较高的文化知识水平，没有对现代高科技知识的了解和掌握，要起到"领头羊"的作用是不可想象的。

学习的途径有很多，参加培训和刻苦自学是两条很重要的途径。分工会主席的强化培训是提高工会主席素质的最基本的方法和途径。强化培训主要通过有组织、有计划地分期分批地采取一定的组织手段，对分工会主席进行培训。全国总工会从 1994 年开始实行工会干部的岗位培训制度。岗位培训分上岗资格培训和适应性岗位培训。上岗资格培训是对工会主席进行的一次工会基础知识的入门教育，凡是从事工会工作的同志尤其是工会主席必须参加相应一级工会干部学校举办的上岗资格培训。《工会基层组织选举工作条例》第十四条规定："基层工会委员会的主席、副主席，在任职一年内应按规定参加岗位任职资格培训。凡无正当理由未按规定参加岗位任职资格培训的，一般不再提名为下届主席、副主席候选人。"因此，凡新到工会岗位的分工会主席，一律必须参加此类培训。通过考核合格，做到持证上岗。学习的内容主要有习近平新时代中国特色社会主义思想、中国特色社会主义工会发展道路理论、工会法和劳动法基本知识、工会理论和工会业务知识等。通过培训，提高工会主席的政治理论水平、政策水平和业务能力。

适应性岗位培训主要是根据形势发展和工会工作的需要，对工会干部迫切需要了解和掌握的新知识、新情况有针对性进行培训，使工会干部能尽快适应发展变化了的新形势。上岗资格培训和适应性岗位培训具有系统性、实用性、针对性强等特点，通过培训，能使工会主席少走弯路，较快熟悉工会工作，对分工会主席素质的提高很有帮助。

除了通过岗位培训、研讨等方式提高分工会主席自身素质外，分工会主席刻苦自学也是一条行之有效的途径。组织上的强化培训无论从时间上还是内容上都是有限的，分工会主席要更多地掌握科学文化知识，主要的还是通过自身挤时间刻苦自学。分工会主席的工作任务很重，有的同志还兼有企业行政职务，除了正常工作之外，许多业余时间还要用于访贫问苦、为职工群众排忧解难、接待职工群众的来访及一些应酬上，往往很难挤出整段整块的时间来自学。这就需要分工会主席掌握学习的技巧，拾零为整，集腋成裘；只要持之以恒，一定能取得丰硕的成果，使自己的科学、文化知识水平有个较大的提高。

除了向书本学习以外，还要向同行学习，即与工会的前辈和工会同行进行广泛的交流。一些工会老领导、老同志对做群众工作很有办法，有的工会同行对新情况、新问题的看法很有见地，这些都是宝贵的精神食粮。此外，还可以与工会同行交流读书心得、工作体会、成功的秘诀、失败的教训等，在交流中相互启发，在总结中共同提高。

另外，分工会主席还应多向职工群众请教，职工群众中有许多宝贵的经验和成功的办法，分工会主席要善于把它吸取过来，充实自己，提高自己。

二、勤于实践，把学到的书本知识转化为能力的提高

分工会主席要想提高自己的素质，还有一条很重要的途径，那就是在实践中去经受锻炼。实践出真知，实践出才能。分工会主席要把自己学到的书本知识转化为能力的提高。

对于分工会主席来说，更需要把自己的工作实践与广大职工群众的实践活动紧密结合起来，在实践中提高自身的素质。因而，勤于实践，是分工会主席提高自身素质的一条必不可少的途径。一个成功的分工会主席，往往是在实践中不断探索，善于总结，反复思考，形成了自己一套行之有效的工作方法，成为职工群众爱戴和拥护的工人领袖。而不断探索，反复实践过程正是分工会主席自身素养不断得以提高的过程。分工会主席实践锻炼提高的方法有很多。

第一，可以深入生产工作第一线进行调查研究，通过调查研究，能更好地了解职工群众的生活、工作状况，掌握职工群众的思想脉搏，知道职工群众在想些什么，要求工会为他们做些什么。找出产生各种情况和问题的缘由，探寻解决的途径，从而提高自己观察问题、分析问题和解决问题的能力。

第二，参加各类会议，如决策会议、计划会议、协调会议、人事会议等，来提高自己的组织协调能力、灵活应变能力、选人用人能力和提高效率、效能的能力。

第三，独立主持或开展一些领导活动，如主持召开职代会、主持会员代表大会、协商谈判会议、调解会议等，以提高自己的判断能力、说服教育能力和协调谈判能力等。

第四，向职工群众求教，从职工群众中汲取智慧、才能提高自己。

三、总结经验，发现和掌握事物发展的客观规律

人们的实践活动，都值得总结，通过总结，得到新认识，发现和掌握事物发展的客观规律。社会历史的进步和发展，就是不断总结以往实践活

动的结果。分工会主席的实践活动，同样需要总结。通过总结，一方面可以发现分工会主席行使职权、执行领导职能的一般的普遍的规律；另一方面，在比较分析经验教训的基础上，从各个方面提高自身的素养。因此，总结是工会主席提高自身素质过程中不可缺少的必要的一环。

总结，是指人们对自己一定时期的实践活动的综合、概括和分析。从时效性看，有短期总结、中长期总结，或称为阶段总结和全过程总结；从内容性质上看，有学习总结、工作总结、思想总结及会议总结等。如果把总结当作分工会主席提高素质的一条有效途径，那么工会主席的总结是广义的，既包括时效性的总结，也包括各种内容性质的总结，这是由分工会主席在工会组织中的领导活动的本职工作所决定。分工会主席要提高自己的素质，就应当善于总结。

1.要认识和掌握总结的特性

总结的特性或特征，主要表现在计划性、目标性和考核性（在分工会主席那里主要表现为自我估价和群众的评价）上。没有计划性，就谈不上总结。人们总是依据客观存在的事实，充分发挥主观能动性，从而产生想法、意见，制订计划、工作设想及保证措施，然后组织力量，付诸实施。成功的分工会主席，他们的学习、工作都有很强的计划性，有了计划性，就能在不同阶段进行有效的总结，许多分工会主席都有这样的体会。没有目标性，总结也就失去了它本应有的意义。人们的实践活动，都是为了达到一定的目标或目的，没有目标的各种计划，必将付诸东流，变成无效劳动。分工会主席的实践活动，其目标性、目的性十分明确，就是组织和影响工会干部，团结和带领职工群众，去实现国家的、集体的和个人的利益，实现社会主义的现代化。因此，分工会主席在履行自己的职责，制订和组织实施学习、工作、会议计划以及进行个人的读书与思考时，都应有一定的目标或目的性，从而总结时也就有了可资参照与评估的标准。这一点，分工会主席应当始终坚持。

总结也离不开考核或考评。不论学习、工作还是会议，在经过一段时间或结束后，在总结时，无疑需要考核或考评。分工会主席总结的考核或考评，一般来说，主要体现在：自我评估、上级考评和群众的评价。这些考核或考评，对于分工会主席进行成功的总结非常有益，它有利于避免在总结中的主观性和盲目性。因此，明智的分工会主席，在总结时，都以认真、负责的态度来对待这种考核或考评。

2.坚持和掌握总结的辩证性和科学性

总结人人会做，但是总结的深度和关键性结论，是衡量一个人水平和素质高低的重要标志。分工会主席通过总结来提高自己的素质，其目的性十分明确。但是，要真正做好总结，确属不易，需要用辩证的、科学的态度来对待总结。掌握总结的辩证性和科学性的关键在于，从自己领导实践的综合、概括、比较和分析中发现问题或者矛盾，借此发现自己素质中不适应的因素。

越来越多的分工会主席认识到，在总结自己的领导实践中，至少要分析以下三个问题：在领导实践中哪些是成功的，哪些是失败的？成功和失败的原因是什么？怎样巩固成果，弥补损失？分析这些问题，需要智慧和勇气。在回答这些问题时，一方面，要看到客观环境、外部条件的影响；另一方面，更重要的是要发现自己主观方面的，领导素质上的不适应的因素。无论是对客观环境、外部条件的创造和把握，还是对自己主观方面的自我解剖和自我批评，都有利于提高素养。因此，注意和掌握总结的辩证性和科学性，是分工会主席总结时应当牢记的一项准则。

3.写好总结报告或总结材料

分工会主席要善于总结，还得写好总结报告或总结材料，并将这些总结报告或总结材料进行回顾和对比。书面的总结报告或总结材料，有利于保持一个人成长和发展过程的联结性，保存经验和教训的历史轨迹。分工会主席对自己不同时期的领导实践，除了口头上总结外，应当写好书面的总结报告或总结材料。写好总结报告或总结材料，应当贯彻精练、简洁、明了的原则，这也是对分工会主席写作能力的一种锻炼。对总结报告或总结材料进行回顾和对比，乃是分工会主席善于总结的一项基本功。

经验表明，一个人素质的提高往往建立在回顾和对比的基础上。利用总结报告或总结材料进行回顾和对比，是比较适合分工会主席提高素养的一种有效途径。这种回顾和对比，占不了很长的时间。在茶余饭后，安下心来时，将以往不同时期领导实践的总结报告或总结材料翻一翻，做一些反省和思考，往往可以收到意外的效果。在这当中，体现了一种严格、认真、负责的精神。正是这种精神，反映了分工会主席的基本素质。

四、谦虚谨慎，接受分工会和会员的监督

实行民主参与和社会监督，是分工会的重要社会职能之一。分工会主席在大量的实践工作中，都与促使分工会履行这一社会职能有关。如何更好地带领和影响分工会组织履行这一职能，关系到分工会主席自身的素质。监督者首先要接受监督。分工会组织的民主参与和社会监督，既有相应的法律、法规、政策和制度赋予权利，同时也赋予相应的必须接受监督和制约的义务、责任。在分工会工作实践中，每一个工会工作人员都深深懂得这一点。作为分工会主席，当然也更应该深刻认识到分工会组织的这种权利和义务的辩证关系。实践表明，作为分工会的领导者，分工会主席在影响工会组织实施参与、监督和接受监督的基础上，本身通过接受监督，可以有效地提高自身在各方面的素质。

监督本身涉及一些基本的思想、观点和方法。在政治上，在社会主义条件下，必须坚持四项基本原则，坚持改革开放，坚持以经济建设为中心；在经济上，应当坚持眼前的、暂时的、局部的利益服从长远的、根本的和全局的利益，坚持国家利益、集体利益和个人利益三者相统一，坚持在发展生产的基础上逐步改善职工群众的生活；在文化与社会生活方面，应当坚持全心全意为人民服务，积极倡导健康的、有益的文化活动和生活方式，批判和抑制没落的、有害的文化活动和生活方式。只有掌握这些基本原则和准则，才能更好地去实施参与监督。同样道理，分工会主席要组织实施工会组织的一系列民主参与和社会监督的方案和措施，首先在思想观念上要真正掌握相应的原则和准则。为了更好地解决分工会主席组织实施参与监督，在思想观念上，分工会主席本身要自觉接受监督。

实践表明，分工会主席接受监督，主要反映在以下几个方面：来自上级的检查和监督；自我监督与同行监督；来自职工群众的监督。上述几方

面紧密关联，缺一不可。

（一）接受来自基层工会的检查与监督

来自基层工会的检查与监督，不仅是因为履行职责和工作的需要，更是因为基层工会组织及其领导在理论修养、政策水平和业务素质等方面有许多长处，值得虚心学习。接受来自基层工会的检查和监督，要坚持忠诚老实、实事求是、一分为二，决不能弄虚作假、文过饰非。只有这样，才能经得起检查，在监督中求真，学到新的领导方法和领导艺术。

（二）自我监督和接受来自同行的监督

实行自我监督，本质上就是领导者素养提高的表现。在自我监督时，可以对照自己的和集体的工作目标和工作计划，在工作进度和质量方面鞭策自己。同时，对自己的所作所为经常进行自我反省。在和同行相比较时，有可能自己在某一方面先进了一步，并且取得了显著成绩，但是不可否认，在同行那里有不少宝贵的经验。因此，接受同行的监督，不仅可以获得竞争的动力，坚持正确的方向，避免妄自尊大，而且可以在比较中学习人家的经验和长处，提高自己的素养。

（三）接受职工群众的监督

接受基层的和职工群众的监督乃是分工会主席接受监督的最重要的方面。俗话说："群众的眼睛是雪亮的。"分工会主席要想使自己的思想、决策和方法获得正确的效果，达到既定的目标，就必须自觉接受基层的和群众的监督。

那么，怎样才能更好地接受基层的和群众的监督呢？一是增加分工会主席思想和决策的透明度，经常将自己的想法和意见告诉群众，可以采取座谈会、信箱和个别访谈等多种方法；二是增加民主意识，让职工群众参与对工作计划和工作目标的制定，接受职工群众的批评、检查和督促；三是必须始终抱着虚心诚恳的态度，来对待来自职工群众的监督，和群众交知心朋友，坦诚相见，毫无保留。只有这样，才能更严格要求自己，更加刻苦学习，努力磨炼自己，克服素质中不适应的陈旧因素，吸收一切有利于提高自身素养的新鲜因素。在接受监督中，要达到上述要求，并非易事，这需要长期的实践，需要具有公开自己、自我批评的精神。

第三节　分工会主席自身合法权益的维护

分工会主席是基层工会的可靠"舵手"，其作用发挥得如何，直接关系到劳动关系的和谐与否，关系到职工权益的维护力度。要充分发挥分工会主席作用，就必须充分保护分工会主席的权益。当前，随着社会主义市场经济体制的建立和逐步完善，工会在协调劳动关系、维护职工合法权益方面的任务越来越繁重，对分工会干部的要求越来越高，工作难度越来越大。分工会干部维护职工合法权益时难免与行政产生矛盾，保护分工会干部合法权益问题变得日益突出和紧迫。

当前，一些分工会主席因维护职工合法权益而遭打击报复的案件屡有发生，有的被调离工作岗位，有的被降低工资待遇，有的被解除劳动合同。这造成一些企业，特别是一些非公有制企业的工会主席，受企业主的牵制，不敢大胆维护职工合法权益的现象比较普遍。工会维护职工合法权益，但分工会主席的合法权益由谁来维护、如何维护的问题十分突出。在建立社会主义市场经济体制过程中，劳动关系日趋复杂，劳动争议日渐增多，分工会主席为履行法定职责、维护职工合法权益，往往与用人单位行政方面发生矛盾，分工会主席合法权益受侵犯事件时有发生。用人单位侵犯分工会主席合法权益的行为主要有三种情况：一是用人单位违反《工会法》规定，对依法履行职责的分工会主席无正当理由调动工作岗位，进行打击报复；二是对依法履行职责的分工会主席侮辱、诽谤或进行人身伤害；三是分工会主席因履行法定职责而被用人单位解除劳动合同。这些行为严重影响了基层工会干部的积极性和基层工会干部队伍的稳定，影响了工会事业的健康发展。因此，应加大对分工会主席的保护力度。

一、分工会主席依法享有的合法权益

(一) 作为分工会代表人的权利

作为分工会的代表人，分工会主席享有一系列职权，如组织领导分工会履行代表和维护职工合法权益的职责，领导处理分工会内部事务，参与企业劳动争议调解委员会等。

(二) 延长劳动合同的权利

《工会法》和全国总工会下发的《企业工会工作条例》，都对基层工会干部合法权益的保护作出了明确规定：基层工会主席、副主席任期未满，任何组织和单位不得随意调动其工作。因工作需要调动时，应当征求本级工会委员会和上一级工会同意，依法履行民主程序。工会专职主席、副主席自任职之日起，其劳动合同期限自动延长，延长期限相当于其任职期间；非专职主席、副主席或者工会委员会委员自任职之日起，其尚未履行的劳动合同期限短于任期的，劳动合同期限自动延长至任期期满。任职期间因个人严重过失或者达到法定退休年龄的除外。基层工会主席因工作不称职需要罢免、撤换时，须经会员大会全体会员或者会员代表大会全体无记名投票过半数通过。基层工会主席的工资待遇、社会保险费用等，可以由企业支付，也可以由上级工会或上级工会与其他方面合力承担。以上规定，分工会主席比照执行。

(三) 享受行政副职同等待遇的权利

同等待遇指的是政治待遇、工资、福利等各项待遇。

(四) 享受工会津贴补贴的权利

规定上级工会与企业工会、企业行政协商，可对企业分工会兼职干部给予适当补贴。地方工会可以在经费允许的情况下给基层工会主席发放津贴、补贴。

二、分工会主席自身合法权益的保护规定

为切实解决工会干部维权难的问题，支持分工会主席主动依法科学维

权，保护分工会主席的合法权益，保障其依法履行职责，《中国工会章程》第三十五条规定："各级工会组织关心工会干部的思想、学习和生活，督促落实相应的待遇，支持他们的工作，坚决同打击报复工会干部的行为作斗争。""县和县以上工会设立工会干部权益保障金，保障工会干部依法履行职责。"《企业工会主席合法权益保护暂行办法》，从保护基层工会干部的内容、措施、机制到责任，都作了比较明确的规定，第十条规定："县（区）级以上工会领导机关要设立工会干部权益保障金，省级工会50万元、地（市）级工会30万元、县（区）级工会10万元，年末结余滚存下一年度使用。"当工会主席合法权益受到侵害后，工会主席本人或者其所在企业工会组织向上一级工会提出书面保护申请及相关证明材料；上一级工会要及时做好调查核实工作，采取相应保护措施。需要支付保障金的，要按照隶属关系向县（区）级地方工会提出申请。县（区）级以上地方工会应依据实际情况，及时向合法权益受到侵害的工会主席支付权益保障金。这笔保障金的设立，为保护基层工会干部合法权益提供了物质基础。相信随着我国民主法治的不断发展，工会将在维护劳动关系和社会稳定中发挥越来越重要的作用，分工会主席的权益也将受到社会各方的尊重和得到应有的保障。

三、侵犯分工会主席合法权益应承担的责任

近些年来，工会干部因维护职工权益而遭企业解职或解除劳动合同的事件不断见诸报端。表面看，这些事件似乎只是一些个案，但它反映出的问题和带来的影响却不容忽视，应当引起我们的关注和深思。现实中工会干部因履行职责其权益却屡受侵犯，使得实现《工会法》规定的工会基本职责遇到极大的障碍。分析其中原因，既有因计划经济长期以来形成的观念问题，也有工会体制上的原因，分工会主席要与企业签订劳动合同并由企业支付工资，使分工会主席难以毫无顾虑地为职工维权；既有企业经营者缺乏民主意识和对工会正确认识的问题，也有《工会法》对工会干部保护不力等多方面的因素。修改后的《工会法》虽然在工会干部的保护方面有了很大进步，但由于规定尚缺乏一定的可操作性，用人单位违法只需承

担一定的经济责任，工会干部的法律保障仍然难以落实，与强势的用人单位相比法律规定仍显得较为软弱无力。工会干部的权益得不到保障，更透视出我国职工权益保障的弱势状况。这种状况若得不到及时改变，职工将失去对工会的信任和支持，一定程度上将动摇工会的存在基础，而这是最令人担忧的。

解决这一问题，应当着重从以下方面进行。

一是继续通过各种方式大力宣传《工会法》，使职工特别是企业经营者了解工会的地位，正确认识工会在协调劳动关系中的重要作用，建议有关部门将《劳动法》《工会法》作为职工上岗培训和企业经营者必备法律常识进行普及和培训，提高经营者民主管理的意识。

二是加快工会体制的改革，减少直至杜绝用人单位对分工会主席的任命，使分工会主席身后有职工这一强大的后盾，在体制和制度上保证工会干部能够理直气壮地履行《工会法》赋予的职责。

三是加大对工会干部的保护力度，一方面将《工会法》对工会干部的保护具体化和具有可操作性，另一方面增加用人单位的违法成本，用人单位打击工会干部，不应看作对工会干部个人权利的侵犯，而应看到其实质是对职工结社权和集体劳动权利的践踏，而这不应仅仅承担一定的经济责任，更要让其承担由此产生的社会道义和信誉责任、行政责任甚至刑事责任，以加强用人单位的社会责任感和法律观念。具体包括如下内容。

1.侵犯分工会主席合法权益应承担的行政责任

（1）由劳动行政部门责令改正。分工会主席、副主席任期未满因依法履行职责，被企业降职降级、停职停薪降薪、扣发工资以及其他福利待遇、受到错误处理、调动工作岗位、进行打击报复、无正当理由解除或终止劳动合同等，企业拒不纠正的，由劳动行政部门责令改正，恢复分工会主席、副主席的原工作和原待遇，确保分工会主席、副主席履行法定职责，安心在工会工作。

（2）由公安机关依照《治安管理处罚法》的规定予以行政处罚。《工会法》第五十二条规定：对依法履行职责的工会工作人员进行侮辱、诽谤或者进行人身伤害，构成犯罪的，依法追究刑事责任；尚未构成犯罪的，由公安机关依照治安管理处罚法的规定处罚。"侮辱"是指用暴力或者其他方法，公然贬低他人人格，破坏他人名誉的行为；"诽谤"是指故意捏造并散布某种虚构的事实足以损害他人人格和名誉的行为。根据《治安管理处罚法》第四十条、第四十二条、第四十三条规定，对于依法履行职责的工会工作人员进行侮辱、诽谤或者进行人身伤害的违法行为，如尚不构成犯罪，公安机关分别给予拘留、罚款的行政处罚。

2.侵犯分工会主席合法权益应承担的民事责任

（1）根据《工会法》第五十二条和《企业工会主席合法权益保护暂行办法》第四条等的规定，用人单位对依法履行职责的工会工作人员无正当理由调动工作岗位、降职降级、停职停薪降薪、扣发工资及其他福利待遇，或因诬陷被错误处理，或未安排合适工作岗位的，或遭受打击报复的，除要撤销处理恢复工作外，还应补足其所受损失；造成损失的，给予赔偿。这一规定是追究用人单位侵权的民事责任。侵权的民事责任是指公民、法人或其他组织侵害财产权、人身权、知识产权等应承担的法律责任。用人单位对工会工作人员无正当理由调动工作岗位，降低其工资待遇，对其进行打击报复，必然会给工会工作人员造成经济损失，用人单位应当补足，并依法赔偿。同时，用人单位的上述行为如侵犯了工会工作人员的人格权，造成了精神损害也应依法予以赔偿。

（2）《工会法》第五十三条规定，工会工作人员因履行本法规定的职责而被解除劳动合同的，"由劳动行政部门责令恢复其工作，并补发被解除劳动合同期间应得的报酬，或者责令给予本人年收入二倍的赔偿"。《企业工会主席合法权益保护暂行办法》第五条进一步规定，要在补发报酬或赔偿的同时，"给予解除或终止劳动合同时的经济补偿金"。这是一种违约的民事责任，是对用人单位违反合同的一种惩罚性制裁。工会工作人员因履行维护职工合法权益的职责而被用人单位解除合同，工会工作人员又不愿意回到原用人单位的，用人单位应给予工会工作人员年收入二倍的赔偿。同时，工会工作人员仍有权依据《工会法》第五十三条、《企业工会主席合法权益保护暂行办法》第五条、《劳动合同法》第四十七条获得用人单位解除劳动合同应给予的经济补偿，即用人单位应根据工会工作人员

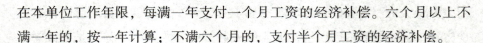

在本单位工作年限，每满一年支付一个月工资的经济补偿。六个月以上不满一年的，按一年计算；不满六个月的，支付半个月工资的经济补偿。

3.侵犯分工会主席合法权益应承担的刑事责任

《工会法》第五十二条规定："对依法履行职责的工会工作人员进行侮辱、诽谤或者进行人身伤害，构成犯罪的，依法追究刑事责任。"这一规定主要是保护工会工作人员的人格权和身体健康权。

（1）侮辱、诽谤罪。《刑法》第二百四十六条规定："以暴力或者其他方法公然侮辱他人或者捏造事实诽谤他人，情节严重的，处三年以下有期徒刑、拘役、管制或者剥夺政治权利。"这里讲的"情节严重"，是指手段恶劣、后果严重或者影响极坏等情况。

（2）故意伤害罪。《刑法》第二百三十四条规定："故意伤害他人身体的，处三年以下有期徒刑、拘役或者管制……致人重伤的，处三年以上十年以下有期徒刑；致人死亡或者以特别残忍手段致人重伤造成严重残疾的，处十年以上有期徒刑、无期徒刑或者死刑。本法另有规定的，依照规定。"这里讲的"致人重伤"，是指下列情形之一的伤害：使人肢体残疾或者毁人容貌的；使人丧失听觉、视觉或者其他器官功能的；其他对于人身健康有重大伤害的，具体可参见《人体重伤的鉴定标准》总则中第二条规定。

 例文

固本、强筋、壮骨——建立分工会主席论坛

为了激发基层工会活力，某企业工会建立了以"夯基础、提能力、勇担当、强作为"为主线，以"三学、三享、三研"为主要内容的分工会主席论坛，努力打造活力四射、坚强有力的两级工会组织。

1."三学"固本培元、把稳思想之舵

心中有信仰、脚下有力量。作为基层工会工作主力军，分工会主席的政治素养、业务素养决定了工会工作的效果和影响力。为了全面提升基层工作的政治性、专业性，分工会主席论坛安排"三学"，即学理论、学业

务、学政策，作为提升工会干部政治意识、业务能力的重要内容，努力抓在经常，提升政治训练强度、广度。

分工会主席论坛以微党课的方式学习了党的二十大精神以及习近平总书记关于工人阶级和工会工作的重要论述，既为广大工会干部补好精神之"钙"，也为后续基层分工会履行政治责任、团结凝聚广大职工指明了方向。论坛还学习了工会法、工会章程等业务知识，培养专业能力、专业素养、专业精神，提升基层工会干部岗位履职能力。

2."三享"强筋壮骨，划好前进之桨

用宽肩膀担当、靠真本领成事。在新的工会考核机制下，每季度都会评选特色亮点工作，结合职工小家验收、劳动竞赛评选、劳模创新工作室等品牌活动，很多鲜活的经验和特色做法沉淀在基层，为了促进学习交流，论坛的重头戏就是特色经验分享活动，即分享经验、分享成果、分享体会。

在基层工作分享环节，有方法、有技巧、有措施、有体会、有收获，精彩案例可以说是跟得上"热点"、做得出"爆款"，满满的干货、沉甸甸的成果，让与会工会干部受益匪浅，在学习共享中不断练就过硬本领。

通过学习其他分工会特色的经验做法，特别是活动策划的过程、遇到的难题、走过的弯路等，分工会主席受益匪浅，既学会水性，又懂划桨、把方向。

3."三研"舒筋活血，扬起进取之帆

改革创新是工运事业蓬勃发展的不竭动力。当前国际国内形势瞬息万变，企业改革发展也正处于滚石上山的关键时期，如何不断改革创新也是基层工会工作面对的难题。在分工会论坛，就创新引入以问题为导向开展最后的开放式讨论——"三研"，即研讨问题、研讨原因、研讨措施，从而引导广大基层工会干部解放思想、汇集智慧、凝聚力量。

每次论坛都以当前工作的难点或重点作为切入口，比如"劳动竞赛如何取得实效""如何促进职工满意度提升"等，通过问题现象研究、追根溯源的讨论，持续提升基层工会干部思考和研究问题的能力，也提出了很多务实管用的举措和建议，形成两级工会组织用新视角观察形势、新思路推进工作、新机制和办法解决问题的工作惯性。

　　分工会主席论坛在提升工会干部素质能力、打通工会工作"最后一公里"方面进行了初步的尝试，后续继续将调动基层分工会积极性、主动性、创造性作为重要方向，把分工会建设得更加充满活力、更加坚强有力，成为凝聚人心、联系群众的坚强前哨。

第六章

分工会主席的岗位知识和能力构成

　　掌握工会业务、工会领导规律和艺术是分工会主席的本行。要做好本行，就得学习本行、认识本行、懂得本行。要认清新形势下工会的性质、地位和作用，清楚分工会主席的职责、权利、义务和工作方法，了解工会的组织体制、工作内容和活动方式，正确认识工会同党的关系。没有对分工会业务和工会领导规律、领导艺术的专和深，就不能成为工会理论和工会业务方面的专家，也就难以根据群众组织的特点去开展分工会工作。

第一节　分工会主席应具备的工会理论知识

工会干部应从全局性、战略性、前瞻性的高度进行深入的思考，从理论和实践的结合上加大对工会理论的研究，这是推进工会工作创新的重要基础，是提高工会工作水平的重要途径。

一、认真学习贯彻习近平总书记关于工人阶级和工会工作的重要论述

（一）坚持党对工运事业和工会工作的领导

我国工运事业是在党的领导下发展起来的，是党的事业的重要组成部分。习近平总书记指出，中国工会是中国共产党领导的工人阶级群众组织，是党联系职工群众的桥梁和纽带，是社会主义国家政权的重要社会支柱。坚持党对工会的全面领导，任何时候、任何情况下都不能动摇、不能偏离。

（二）坚持全心全意依靠工人阶级的根本方针

我国是工人阶级领导的、以工农联盟为基础的人民民主专政的社会主义国家。党和国家始终坚持全心全意依靠工人阶级方针，始终高度重视工人阶级和广大劳动群众在党和国家事业发展中的重要地位。改革开放以来，我国工人阶级队伍不断壮大，素质全面提高，结构更加优化，面貌焕然一新，先进性不断增强。习近平总书记指出，坚持全心全意依靠工人阶级，充分发挥工人阶级主力军作用，把广大职工群众紧紧团结在党和政府周围，这是我们党的一个突出政治优势，也是中国特色社会主义的一个鲜明特点。不论时代怎样变迁，不论社会怎样变化，我们党全心全意依靠工人阶级的根本方针都不能忘记、不能淡化，我国工人阶级地位和作用都不容动摇、不容忽视。

（三）牢牢把握为实现中华民族伟大复兴中国梦而奋斗的时代主题

实现中华民族伟大复兴的中国梦，根本上要靠包括工人阶级在内的全体人民的劳动、创造、奉献。习近平总书记鲜明提出，我国工人运动的时代主题，是为实现中华民族伟大复兴的中国梦而奋斗。工会要牢牢抓住这个主题，把推动科学发展、实现稳中求进作为发挥作用的主战场，把做好新形势下职工群众工作、调动职工群众积极性和创造性作为中心任务，把巩固党执政的阶级基础和群众基础作为政治责任，竭诚为职工群众服务，切实维护职工群众权益，不断焕发工会组织的生机活力。广大职工要牢牢把握时代主题，把自身前途命运同国家和民族前途命运紧紧联系在一起，把个人梦同中国梦紧密联系在一起，把实现党和国家确立的发展目标变成自己的自觉行动，爱岗敬业、争创一流，以不懈奋斗书写新时代华章，共同创造幸福生活和美好未来。

（四）加强对职工群众的思想政治引领

习近平总书记指出，工会要适应新形势新任务，加强和改进职工思想政治工作，多做组织群众、宣传群众、教育群众、引导群众的工作，多做统一思想、凝聚人心、化解矛盾、增进感情、激发动力的工作，更好强信心、聚民心、暖人心，使广大职工在理想信念、价值理念、道德观念上紧紧团结在一起。深入细致做好思想政治工作，引导职工群众听党话、跟党走，巩固党执政的阶级基础和群众基础，是工会组织的政治责任，也是工会工作的优良传统。当前，企业组织形式、产业结构、就业形态等呈现新的特点，我国职工队伍状况发生深刻变化，社会上各种思潮和主张对职工的影响加深，敌对势力同我们争夺人心、争夺阵地，形势十分复杂。这些都对工会做好职工思想政治引领工作提出了挑战。站在新时代新起点上，我们党要团结带领人民夺取中国特色社会主义新胜利，更加需要坚定信念、鼓舞斗志，更加需要同心同德、团结奋斗。

（五）努力建设高素质劳动大军

劳动者素质对一个国家、一个民族发展至关重要。面对日趋激烈的国际竞争，一个国家发展能否抢占先机、赢得主动，越来越取决于国民素质特别是广大劳动者素质。习近平总书记明确提出，要实施职工素质建设工程，推动建设宏大的知识型、技能型、创新型劳动者大军。工会要深入开展各类劳动和技能竞赛，壮大技术工人队伍，提高技能人才待遇水平，激励更多劳动者特别是青年人走技能成才、技能报国之路。

（六）大力弘扬劳模精神、劳动精神、工匠精神

习近平总书记强调，实现我们确立的奋斗目标，归根到底要靠辛勤劳动、诚实劳动、科学劳动。全社会要崇尚劳动、见贤思齐，加大对劳动模范和先进工作者的宣传力度，讲好劳模故事、讲好劳动故事、讲好工匠故事，弘扬劳动最光荣、劳动最崇高、劳动最伟大、劳动最美丽的社会风尚。劳动模范是劳动群众的杰出代表，是最美的劳动者。大国工匠是职工队伍中的高技能人才。工会要激励广大职工在辛勤劳动、诚实劳动、创造性劳动中成就梦想，协同各个方面为劳动模范、大国工匠发挥示范引领作用搭建平台、提供舞台，为劳模、工匠传承技能、传承精神创造条件，培养造就更多劳动模范、大国工匠。

（七）切实实现好、维护好、发展好工人阶级和广大劳动群众合法权益

工会作为职工利益的代表者和维护者，要把竭诚为职工群众服务作为工会一切工作的出发点和落脚点，坚持以职工为中心的工作导向，抓住职工群众最关心最直接最现实的利益问题，认真履行维护职工合法权益、竭诚服务职工群众的基本职责，全心全意为广大职工群众服务。要把服务职工、维护职工合法权益的大旗牢牢掌握在手中，把群众观念牢牢根植于心中，练就见微知著、以小见大的真功夫，哪里的职工合法权益受到侵害，哪里的工会就要站出来说话。要健全以职工代表大会为基本形式的企事业单位民主管理制度、厂务公开制度，组织职工依法实行民主选举、民主决策、民主管理、民主监督，使职工群众的知情权、参与权、表达权、监督权得到更充分更有效的保障。要不断促进社会主义和谐劳动关系，代表职工群众主动参与立法和政策制定，从制度上源头上保障职工群众利益、发展职工群众利益。要健全党政主导的维权服务机制，完善政府、工会、企业共同参与的协商协调机制，健全劳动法律法规体系，为维护工人阶级和

广大劳动群众合法权益提供法律和制度保障。

分工会主席要全面深入学习贯彻习近平新时代中国特色社会主义思想，深入贯彻习近平总书记关于工人阶级和工会工作的重要论述，深刻把握党的创新理论的丰富内涵、精神实质和实践要求，深刻领会这一重要思想的世界观方法论和贯穿其中的立场观点方法，更好地把党的创新理论转化为认识世界、改造世界的强大力量，更好把握新时代新征程工运事业和工会工作的特点与规律，增强做好工会工作的责任感使命感，提高履职尽责的能力和水平。

二、学习工会基础知识

（一）工会

《工会法》第二条规定："工会是中国共产党领导的职工自愿结合的工人阶级的群众组织，是中国共产党联系职工群众的桥梁和纽带。"

（二）工会的基本属性

一是要切实保持和增强党的工会工作的政治性。政治性是工会组织的灵魂，是第一位的。工会组织要始终把自己置于党的领导之下，在思想上政治上行动上始终同党中央保持高度一致，自觉维护党中央权威，坚决贯彻党的意志和主张，严守政治纪律和政治规矩，经得住各种风浪考验，承担起引导群众听党话、跟党走的政治任务，把自己联系的群众最广泛最紧密地团结在党的周围。

二是要切实保持和增强工会组织的先进性。工会是党直接领导的群众组织，承担着组织动员广大人民群众为完成党的中心任务而共同奋斗的重大责任，必须把保持和增强先进性作为重要着力点。要牢牢把握为实现中华民族伟大复兴中国梦而奋斗的时代主题，紧紧围绕党和国家工作大局，组织动员广大职工群众走在时代前列，在改革发展稳定第一线建功立业。要以先进引领后进，以文明进步代替蒙昧落后，以真善美抑制假恶丑，教育引导广大职工群众不断提高思想觉悟和道德水平，坚定走中国特色社会主义工会发展道路，自觉践行社会主义核心价值观，真正成为党执政的坚实依靠力量、强大支持力量、深厚社会基础。

三是要切实保持和增强工会组织的群众性。群众性是工会组织的根本特点。工会组织开展工作和活动要以职工群众为中心，让职工群众当主角，而不能让职工群众当配角、当观众。要更多关注、关心、关爱普通职工群众，进万家门、访万家情、结万家亲，经常同职工群众进行面对面、手拉手、心贴心的零距离接触，增进对职工群众的真挚感情。要大力健全工会组织特别是基层工会组织，加快新领域新阶层工会组织建设。工会组织和工会干部特别是领导机关干部要深入基层、深入职工群众，争当全心全意为人民服务宗旨的忠实践行者、党的群众路线的坚定执行者、党的群众工作的行家里手。

（三）中国工会的社会职能与基本职责

1.社会职能

（1）工会的维护职能

即工会维护职工群众合法利益的职能。工会应密切关注就业、工资、工时、安全生产、劳动保护、社会保障、职工福利、职业教育和劳动争议处理等直接涉及职工切身利益的问题，倾听职工群众呼声，关心职工群众疾苦，尽心尽力地为职工说话办事。工会在维护职工合法权益和参与协调利益关系中，必须从有利于社会稳定和生产力发展出发，依据法律和有关政策进行工作。

（2）工会的建设职能

即工会吸引和组织职工群众参加建设与改革，努力完成经济和社会发展任务的职能。工会作为工人阶级主力军的最广泛的群众组织，必须从工人阶级群众的长远利益和现实利益出发，推动社会经济效益的提高和生产力的发展。如果工会不能充分履行吸引职工群众参加建设和改革，完成经济和社会发展任务的职能，就会使工会脱离社会主义事业的全局，脱离工人阶级群众的根本利益和具体利益，丧失工人阶级群众代表者的身份。

（3）工会的参与职能

即工会代表和组织职工参与国家和社会事务管理，参与企事业单位的民主管理的职能。工会参与职能具有两个层次的主要内容：一是各级工会要成为职工群众有组织地参政议政的民主渠道；二是基层工会要做好以职工代表大会为基本形式的职工民主管理日常工作机构的工作。

（4）工会的教育职能

即工会帮助职工不断提高思想政治觉悟和文化技术素质，成为职工群众在实践中学习共产主义的学校的职能。工会教育职能包括两个方面的内容。一是在思想政治教育方面。工会要在职工中着力抓好爱国主义、集体主义、社会主义民主与法治以及独立自主、艰苦奋斗的教育，树立社会主义核心价值观，坚定走社会主义道路的信心。并且经常开展工人阶级优良传统的教育和职业责任、职业道德、职业纪律、职业技能的"四职"教育，把基础教育、形势任务教育和日常思想工作有机结合起来。二是在文化技术教育方面。工会要积极参与职工教育的管理，积极参与职工教育规划的制定和职工教育改革工作，维护职工受教育的权利。同时，还应办好工会的各级各类职工学校，以岗位培训和职业教育为重点，推进职工教育的改革。要继续抓好群众性的读书自学和"创建学习型组织，争做知识型职工"活动，鼓励和引导职工走自学成才、岗位成才之路。

2.基本职责

（1）工会的基本职责的法律规定

《工会法》第六条规定，维护职工合法权益、竭诚服务职工群众是工会的基本职责。

（2）履行工会职责的基本途径

工会通过平等协商和集体合同制度，协调劳动关系，维护企业职工劳动权益。

工会依照法律规定通过职工代表大会或者其他形式，组织职工参与本单位的民主决策、民主管理和民主监督。

工会建立联系广泛、服务职工的工会工作体系，密切联系职工，听取和反映职工的意见和要求，关心职工的生活，帮助职工解决困难，全心全意为职工服务。

第二节　分工会主席岗位的能力构成及提升

能力即才干，也就是人们通常所说的做事的本领。分工会主席的能力就是指分工会主席作为分工会领导者，带领、组织、协调所属分工会组织和成员，实现分工会工作目标行为过程中所表现出来的领导才能和本领。

分工会主席的能力是其履行职责的主观条件。分工会工作内容十分复杂，涉及方方面面，需要分工会主席在实施领导过程中具备和运用多方面的能力，具体包括政治能力、抓落实能力、沟通协调能力、调查研究能力、改革创新能力等。在具备这些基本能力的基础上，重点提高团结组织职工的能力、服务职工的能力和维权能力。

一、加强分工会主席的能力建设

提高分工会干部素质，事关分工会工作大局，分工会领导班子和干部队伍是分工会工作成败的决定因素。因此，加强分工会干部特别是分工会主席能力建设显得尤为重要。

（一）加强分工会主席能力建设是提高党的执政能力的需要

加强党的执政能力建设，其目的在于不断扩大党的阶级基础和群众基础，巩固党的执政地位，实现党的伟大使命。因此，是否能够最大限度地把群众团结在党的周围，为落实党的使命作贡献，这是检验党的执政能力高低的重要尺度。分工会工作是党的群众工作的重要组成部分。加强党的执政能力建设是时代的要求、人民的要求，也是工人阶级利益之所在。它关系社会主义事业兴衰成败，关系中华民族前途命运，关系党生死存亡和国家长治久安。因此，分工会主席要站在提高党的执政能力的高度，充分认识提高分工会工作能力的必要性。

（二）加强分工会主席能力建设是履行分工会职能的需要

分工会是工会的组织基础和工作基础。把广大职工群众团结和组织起来，充分发挥工人阶级的主力军作用，积极为全面建成小康社会贡献力量，是现阶段各级分工会组织的根本任务。分工会主席要立足党和国家工作的大局以及分工会工作的全局，紧紧围绕改革发展稳定这个中心，来思考和安排工作。分工会主席是贯彻落实党的全心全意依靠工人阶级根本指导方针的重要推动者。坚持维护党的领导地位和执政地位，始终保持工人阶级队伍和分工会组织的团结统一是新世纪、新阶段分工会组织的重要政治责任。

（三）加强分工会主席能力建设是改进分工会自身发展的需要

伴随科学技术的进步，我们已经进入了信息时代。作为基层职工群众组织的分工会，它的自身能力建设，理应适应时代的发展，跟上时代的步伐。因此，分工会主席要加强学习，努力学习新技术、新科学，必须不断提高工作水平，成为和谐干群关系的润滑剂，为构建和谐社会提供坚强的组织保证。

二、分工会主席能力建设的主要内容

能力是人的聪明才智的外在反映，是分工会主席发现问题和解决问题，制定目标，实现任务，获得成功的本领。根据工会工作实际，分工会主席应具备以下基本能力。

（一）依法维权的能力

当前，随着我国的社会经济成分、组织方式、利益分配、就业方式的日益多样化，劳动关系变得更加复杂化，维护职工合法权益的要求和任务越来越艰巨。科学维权，要求工会认识、遵循和把握客观规律，用符合客观规律的理念和行为，切实履行职工利益代表者和维护者的神圣职责。《工会法》第六条规定维护职工合法权益、竭诚服务职工群众是工会的基本职责。分工会着重应落实以下几项权益。

1.坚持发展以职代会为基本形式的民主管理制度，维护职工的政治权益。就是要保证职工群众的主人翁地位，尊重职工群众当家作主的政治权和建立健全职工代表大会制度和平等协商，集体合同制度，大力推进厂务公开，保障职工的知情权，参与权，监督权，保证广大职工了解和参与单位事务管理，了解和参与单位的民主决策、民主管理和民主监督，实现职工群众对单位工作和领导干部的有效监督。

2.建立健全劳动合同和平等协商、集体合同等制度，维护职工的经济权益。一是要帮助、指导职工和企业以及实行企业化管理的事业单位签订劳动合同；要加强劳动合同履行、变更、解除和终止等环节的基础管理，保证劳动合同得到有效的履行；要教育和引导职工了解和掌握签订劳动合同的程序、内容、法定条件和标准，提高职工自我维权的意识和能力；要向企业经营管理者宣传《劳动法》《工会法》等法律法规，督促企业规范劳动用工行为，监督企业认真履行劳动合同。二是要认真执行《集体合同规定》，通过建立健全平等协商集体合同制度，不断推进平等协商和集体合同工作的制度化、规范化和科学化。要以工资集体协商为切入点，深化平等协商和集体合同制度，增强集体合同的针对性和实效性，要以非公有制企业为重点，以签订区域性、行业性集体合同为主要手段，推动非公有制企业特别是中小企业全面推行平等协商和集体合同制度，提高建制率，扩大覆盖面。

3.加强劳动保护工作，维护职工的安全和健康权益。坚持以人为本，不断提升企业安全生产管理水平，要开展多种形式的群众性安全生产监督检查活动，督促企业执行国家有关劳动安全卫生的法律法规和政策，积极开展企业安全生产民主管理，民主监督活动；搞好安全生产劳动保护知识的普及，开展多种形式的群众广泛参与的安全文化活动，帮助职工掌握安全生产知识，增强安全生产意识和自我保护意识，自觉遵守各项规章制度。

4.努力帮助困难职工解决实际问题，维护职工的生存权益。在改革、发展、参与、帮扶过程中，从维护生存权入手，帮助困难职工解决生产生活中的实际问题。一是督促用人单位按时缴纳各项社会保险费，落实好城市居民最低生活保障制度，切实保障困难职工的基本生活；二是有针对性地做好生活救助、法律援助等方面的工作，帮助职工解决实际问题，推进送温暖工作制度化、常态化。

5.不断提高职工思想道德水平和科学文化素质，维护职工的精神文化权益。这实际上是维护职工的发展权，发展权是生存权的延缓和更高层的权益，是职工适应现代化社会发展的素质和能力，是对职工权益的根本维护和长效维护。全面提高职工队伍整体素质是工会履行维护职责的重要内容和有效途径。组织职工广泛开展群众性的精神文明创建活动，丰富职工的精神文化生活，培养职工的文明道德情操，注重维护职工的精神文化权益。

（二）决策能力

决策就是作出决定。凡是对若干准备行动的方案进行选择，以期优化地达到目标的行为，就是决策。分工会主席的决策能力是指分工会主席为实现工会组织的既定目标，在工会内部、外部条件的约束下，从众多的备选方案中选择一个满意的方案并付诸实施的能力。决策是分工会主席工作的中心环节。决策能力的大小和决策水平的高低直接影响工作的成败。决策是执行领导职能的基础，无论哪一级工会主席都要对将要从事的活动进行选择和作出决定，大到关系到工会前途命运的战略性决策，小到处理工会日常生活事务的战术性决策都离不开决策。决策的正确性很大程度上决定着领导工作的成败。

随着我国市场经济的不断发展和改革的深入，工会工作的涉及面越来越广，工作越来越复杂，影响也越来越深。在这种情况下，分工会主席一旦决策失误，将会给分工会工作带来很大损失，甚至带来严重的社会后果。因此，提高决策能力，决策科学化是分工会主席做好分工会工作的重要保证。分工会主席要提高决策能力，就要注意以下几点。

1.要扩大知识面，提高获取信息的能力

要使决策科学有效，分工会主席就要有广博的知识。除了本部门的技术、管理知识、群众工作知识和一些现代化的管理理论应比较细致地掌握外，还应了解自然科学和社会科学的一些知识。同时，分工会主席要掌握获取、处理、利用信息的方法。

2.要灵活，具有创新精神

如果分工会主席思想僵化，墨守成规，跳不出旧框框，决策能力就无从谈起。分工会主席只有把党的方针、政策同职工的意愿有机地结合起

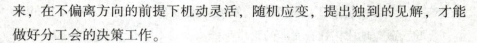

来，在不偏离方向的前提下机动灵活，随机应变，提出独到的见解，才能做好分工会的决策工作。

3.要提高善于思考能力

随着改革开放的深入，分工会工作涉及方面也越来越多，分工会主席要使决策准确，就要善于观察，认真思考，只有这样，才能避免盲目性和随意性，减少决策失误。

4.要提高分工会主席善于利用机遇的决断能力

任何工作，都存有机遇问题，谁善于利用机遇谁的决策就切实可行。分工会主席要善于捕捉和利用机遇，该决则决，该断则断。还要培养集思广益的民主作风。

（三）综合分析能力

分工会主席的综合分析能力是分工会主席运用辩证思维，对本单位工会工作的全局、工会系统的大局乃至整个国家的总局进行整体思考和整体分析，从而做出正确的判断，搞好平衡和协调的能力。工会，无论规模大小，人员多少，其工作都有涉及面广、横向联系多的特点，其工作都是非常复杂的。如：工会既要支持政府部门搞好社会主义经济建设，又要对行政进行监督，同危害职工合法权益的行为做斗争；既要维护职工的具体利益、眼前利益，又要维护职工的长远利益和国家的整体利益；既要引导职工克服自己队伍中的错误行为，又要引导职工行使民主管理权利，参与企业决策；既要顾及外部条件和外部环境的要求，又要重视体现工会组织自己的特色等。要对这些关系做出符合实际的判断和分析，搞好它们之间的平衡和协调，使其发挥最大的组织效应，释放出最大的能量，离不开工会主席的综合分析能力。

因此，分工会主席要认真学习马克思辩证唯物主义的思维方法，学习和掌握定性分析、定量分析、因果分析法、排列分析法、相关分析法、投入产出法等科学的综合分析法，注意研究党的路线、方针、政策，研究职工的思想状况和行为特点，对分工会工作做出符合实际的判断和分析，在学习和实践中不断提高自身的综合分析能力。

（四）组织协调能力

分工会主席的组织协调能力是指为完成工会任务和实现企业目标，在充分发扬民主和合理利用组织理论的前提下，分工会主席运用科学的方式和手段，调动广大职工群众积极性、智慧和创造力的能力。

协调能力是指分工会主席解决各方面矛盾，使全体职工为经济和社会发展密切配合，统一行动的能力。工会是工人阶级的群众组织，它的活力来自组织起来的群众。工会为了维护职工的整体和长远利益，吸引职工参与国家和企业的民主管理，需要把职工群众组织起来；工会开展社会主义劳动竞赛，职工的文化生活、技术教育工作也需把职工组织起来。离开了组织起来的广大职工，工会工作就像无源之水，无本之木，必将失去它的生机活力。所以说有效地组织广大职工群众去开展各项工作是工会工作的一个重要方法，组织能力是分工会主席应具备的最重要的能力。分工会是党联系职工群众的纽带，是国家机关、政府部门和职工群众联系的桥梁，它代表和维护职工群众的利益，因此，分工会主席要正确处理好工会与党、政府和职工的关系，使工会既服从党的领导，又要在党的领导下独立自主地开展工作；发动职工支持行政工作，维护行政领导权威，又要对行政进行监督，维护职工合法权益。要处理好这些方方面面的关系，分工会主席就要有较强的协调能力。

一个分工会主席组织协调能力的大小，取决于其本人的思想水平和工作水平，它主要表现在以下三个方面。

一是分工会主席在职工群众中威信的高低和号召力的大小。如果分工会主席在职工心目中有良好的形象，职工尊重、信赖分工会主席，那么分工会主席就有号召力，能一呼百应，在短时间内把职工组织起来，有效地开展工作。

二是分工会主席组织各项活动效果的好坏。组织能力的大小，不仅要看能否把职工组织起来，更重要的是看所开展活动效果的好坏。工会组织职工积极开展社会主义劳动竞赛，开展提合理化建议活动，带领职工参政议政，参与企业分配，维护职工利益。如果这些活动促进了社会进步，经济的发展，企业的振兴，解决了职工困难，改善了职工生活，这些活动才是有效的，工会主席才是一个优秀的组织者。

三是分工会主席在党政心目中影响力的高低。如果党委能关心和及时研究工会工作，行政在人力、财力、物力上支持和帮助工会工作，工会能服从党委的领导，在党的领导下独立自主地开展工作，帮助行政组织完成经济指标和社会指标，这说明工会主席有很强的协调能力。工会主席应该努力学习组织理论，掌握多种协调方法，在组织协调工作中，不断积累经验，提高自身的组织协调能力。

（五）创新能力

分工会主席的创新能力是指分工会主席在分工会工作中善于敏锐地察觉旧事物的缺陷，准确地捕捉新事物的萌芽，运用创造性思维和创新技法，提出大胆新颖的设想，继而进行周密论证，拿出切实可行的方案，开辟新领域的能力。

分工会主席具备创新能力，对于提高分工会参政议政水平，全面开创分工会工作新局面有重要意义。因为我们所处的时代是一个变革的时代，经济体制改革向纵深方向发展，政治体制及其他配套改革也在进行，社会生活发生强烈震颤，职工的价值观念、逻辑思维、生活方式发生了巨大变化。这就赋予了工会工作新的内容，要求分工会主席在继承和发扬过去长期工会工作形成的、一整套行之有效的工作方法的基础上，适应时代变化与目前的形势和任务的要求，确定新的工作内容，用新的办法、新路子来解决新的问题。对于那些已不适应今天情况的老套套老框框要彻底抛弃。如果不这样，而是因循守旧，抱守残缺，按老习惯、老模型、老办法制定和实施决策，必然陷于旧框框之中，找不到问题之所在，找不到解决问题的方法，难以将职工组织起来开展工作，在参政议政中提出真实意见，也很难维护职工利益。可见，分工会主席创新能力是改革的需要，是打开分工会工作新局面的需要。

我国的工会干部队伍，是在长期革命和建设的实践中成长起来的，总的来说，分工会主席的品质是好的，但是还有不少分工会主席习惯于再现型领导方式，不动脑筋，对上级指示照抄照转，不敢或不善于结合本地区、本单位的实际情况创造性地工作。"照葫芦画瓢"，工会工作没有新意，缺乏吸引力，给工会事业和发展造成了巨大损失。因此分工会主席应更新观念，提高自身的创新能力。首先要破除畏惧，树立信心。创新能力，人皆有之。分工会主席只要动脑筋，下功夫，任何困难都能克服，都能有所创造。其次要加强对创造技法的研究。改变工会是"打球照相、吹拉弹唱"的旧观念，树立效率观念、竞争观念，运用现代知识，就能发现新问题，摸索出解决问题的途径，创造出更多更好的工作方法和工作经验。

三、分工会主席综合能力的提升

分工会主席要进一步提升综合能力，应从以下几方面入手。

（一）提升政治能力

在工会干部干好工作所需的各种能力中，政治能力是第一位的。工会干部的政治能力一般指是否善于从政治上观察问题、分析问题和处理问题的能力，具体来说就是是否善于把握政治方向、驾驭政治局势、保持政治定力、防范政治风险。新时代提升分工会干部的政治能力首先要把握正确的政治方向，最核心、最关键的一点就是要坚持中国共产党领导和中国特色社会主义制度。

1.大力提升政治判断力。政治判断力是一种综合性、系统性能力，其塑造提升依赖于战略思维水平、把握大势能力、明辨是非本领的高低。

提高工会干部政治判断力，首先要打牢战略思维基础，着力提高理论思维能力，增强对客观规律的科学认识、事物本质的把握水平；着力提高宏观思维能力，增强把握全局、系统思考水平；着力提高前瞻思维能力，增强放眼长远、透视未来水平，养成并形成善于从大处着眼、宏观着眼、长远着眼的思维习惯和思维模式。其次要抓住政治大势根本，聚焦政治方向不偏移，紧盯政治动向不松懈，把握政治取向不动摇，养成并形成把政治形势、政治态势、政治走势融会贯通分析的思维习惯和思维模式。最后要提高明辨是非能力，坚定政治信仰、强化政治意识，自觉从政治上想问题，提高政治敏锐性；坚定政治立场、恪守政治原则，自觉从政治上看问题，提高政治鉴别力；准确识别政治是非，增强透过现象看本质和廓清政治迷雾本领，自觉从政治上断问题，提高政治甄别力。

2.大力提升政治领悟力。政治领悟力是一种政治把脉力、把握力、把控力，其塑造提升依赖于深刻领悟、深层思考、深度谋划的程度。

提高工会干部政治领悟力，首先要深刻领悟到位，吃透中央精神实质、吃透政治问题本质、吃透政治现象特质，杜绝囫囵吞枣、含含糊糊、概率瞄准；其次要深层思考到位，深入分析政治背景、影响因素、关联逻辑，自觉运用唯物辩证法，全面、系统、联系地认识问题、考虑问题、分析问题，做到认识深刻、分析透彻、辨别精准；最后要深度谋划到位，着眼战略全局、着眼长远目标、着眼根本利益，科学制定政治应对预案和政治执行方案，确保政治谋划、筹划、策划系统、科学、有效。

3.大力提升政治执行力。政治执行力是一种推动力、推进力、推行力，其塑造提升依赖于对表对标水平、落地落实水平、担责担当水平。

提高工会干部政治执行力，首先要提高对表对标水平，无条件与中央精神对表对标，与习近平新时代中国特色社会主义思想对表对标，任何时候都要做到令行禁止、不打折扣、持之以恒；其次要提高落地落实水平，坚持问题导向、目标导向、效果导向，积极主动推动政治方略、政治战略、政治策略全面落实、全面落地、全面落细、全面见效；最后要提高担责担当水平，针对政治执行政策性强、敏感性强、风险性强的实际，大力涵养知责于心、担责于身、履责于行的强烈意识，敢于负责、敢于担当、敢于创新，敢于直面问题、敢于直面矛盾、敢于直面风险，杜绝执行软弱、执行打折、执行落空，以开放性、开拓性、开创性的进取精神，不断开辟政治执行新风尚、新格局、新境界。

（二）提升抓落实能力

广大工会干部干事业不能做样子，必须脚踏实地，抓工作落实要以上率下、真抓实干。特别是主要领导干部，既要带领大家一起定好盘子、理清路子、开对方子，又要做到重要任务亲自部署、关键环节亲自把关、落实情况亲自督查，不能高高在上、凌空蹈虚，不能只挂帅不出征。干事业就要有钉钉子精神，抓铁有痕、踏石留印，稳扎稳打向前走，过了一山再登一峰，跨过一沟再越一堑，不断通过化解难题开创工作新局面。

1.准确把握抓落实能力。当前世界正经历百年未有之大变局。我们正处于实现中华民族伟大复兴的关键时期，高质量发展关键阶段。但是，发展不平衡和不充分的问题依然存在，落实党的二十大以后提出的一系列战略性创新政策措施，必须根据发展中的痛点、难点和阻碍点，准确落实，找准重点，把握重点。面对改革发展的新形势、新任务、新举措，要正视困难，准确识别和落实政策，切实抓好落实，肩负起责任。

2.务实把握抓落实能力。从一张空白的纸到一张满意的答题纸，我们需要落实一切惠及职工群众的政策，做好一切职工群众看得见摸得着的实事。抓落实工作不是一蹴而就的，要一步一步扎实向前走，才能取得成效。分工会干部的工会工作经验和问题意识相对不足，需要切实把握客观现实和客观规律，牢固树立群众路线，务实做人，杜绝虚荣。根据自己的实际情况，不断提高学习能力，坚持在工作中形式和内容并行不悖，量与质并重，将符合国家人民利益的各项改革措施付诸实施。

3.科学把握抓落实能力。作为分工会干部，我们不仅要敢于抓落实，还要善于抓落实，科学地掌握抓落实的方法论。一方面，要抓住重点，善于把握主要矛盾和矛盾的主要方面，着眼于重点工作和主要工作的落实，把握全局，明确重点，树立前进意识。另一方面，分工会干部有必要进行深入调研，要深入基层一线开展调研，倾听一线职工群众的心声和忧虑，真正把职工的利益放在首位。善于通过严谨的调查研究解决复杂问题，要让好的政策产生好的效果，关键在于抓好落实。

（三）提升沟通协调能力

美国管理学家福勒特认为，管理就是沟通协调，这句话指出了沟通协调能力是领导干部所有能力中最重要的一种。中层干部作为部门管理的中流砥柱，在贯彻落实领导决策的过程中，良好的沟通协调能力是推动工作有效开展的助推剂，往往决定了事情的成败。分工会干部的沟通协调是一种技巧，更是一种艺术，是必须具备的重要的、基本的能力，要长期加强理论学习，提高自己的素养，更要在实际工作中学习和实践，这样才能开展好进一步的工作。

1.重大决策之前预先沟通。在对重大问题进行决策之前，部门党政领导要先行沟通，让班子成员对即将研究的问题，有一个调查、思考的时间，以便深思熟虑，拿出较为成熟的意见，参与集体讨论。从而既有利于在集体讨论中统一思想认识，也有利于发挥每名成员的智慧，集思广益，保证决策的正确性与科学性。

2.全局性工作主动沟通。全局性工作，涉及整体利益，不仅影响到当前，而且影响到长远。在处理这些全局性工作时，切忌搞突然袭击或临时动议，应主动和上级部门沟通。

3.重要信息及时沟通。对于上级重要的方针、政策，重要的会议精神，有关的重要决定、指令、通知等，要根据先党内后党外，先领导后群众的原则，及时吹风，进行传达学习或召开一定范围的情况通报会进行发布。

4.疑难问题反复沟通。一些涉及职工切身利益的难点和热点问题，往往政策性比较强，情况比较复杂，处理起来比较棘手，很可能会产生认识上的分歧。此时，不要快刀斩乱麻迅速做出决断，或者压服别人，而应耐心听取他人的意见，反复进行沟通和研讨。对其合理意见，就要认真采纳，如果其意见欠妥，也要让其把话讲完，以达到认识的统一，步调的一致。

5.临时处置，事后沟通。对于遇到紧急情况来不及集体研究的问题，部门领导个人可以临时处置，当场拍板，作出决定，但事后一定要及时沟通，使别人理解和维护这样的决定。如果发现决定不够全面，可以在沟通中加以完善。如果发现决定有所失漏，可以在沟通中研究采取补救措施。

（四）提升组织管理能力

新时期分工会主席要有情系民生、统筹全局的战略思维，要有迎难而上、尽心竭力的责任担当，要有大胆创新、强力作为的机遇把握。作为工会干部必须勤于领导、善于领导，勤于管理、善于管理，勤于统筹、善于统筹。即要懂得领导艺术，注重工作策略和方式方法，善于抓关键、抓重点，既要运用好重点论，又要把握好两点论；既要弹好钢琴，又要吹好口琴。要把想干事、肯干事、干成事、不坏事，作为工会干部最宝贵的品质之一。

1.坚持主动依法科学维权

分工会主席要认真贯彻落实主动依法科学维权观，切实履行好表达和维护职工合法权益的基本职责。既要教育引导广大职工积极投身企业发展大局，又要注意在涉及职工的利益关系调整中，维护和实现职工群众的具体利益，使职工群众共享企业发展成果。要立足职工最现实、最关心、最直接的利益问题，履行好维护职责。从劳动权利、收入分配、社会保障等方面入手，积极参与企业政策、制度的研究制定，从源头上维护职工的合法权益。

2.团结调动广大职工群众的积极性、主动性和创造性

分工会主席要尊重职工的首创精神，积极搭建职工建功立业的舞台，保护好、调动好、发挥好职工群众的积极性和创造性，让广大职工在推动企业发展、构建和谐企业的同时共享改革发展成果。要大力弘扬劳模精神和工人阶级伟大品格，努力培养一批具有时代特点、勇于开拓创新、富有奉献精神的先进人物。大力开展"工人先锋号""安康杯"竞赛等劳动竞赛活动，充分激发和调动职工群众的无穷智慧和创造潜能，在推进企业发展、促进劳动关系和谐稳定中贡献力量。

3.关心帮助困难职工生活，努力为职工排忧解难

分工会主席要关心困难职工、弱势职工群体的生活，深入实施爱心帮扶和送温暖工程，积极为职工群众办实事、做好事、解难事。要重点加强农民工、劳务派遣工合法权益维护工作，努力推动企业在政治上、经济上把农民工、劳务派遣工作为企业员工同等对待。要加强农民工、劳务派遣工的技能培训，不断提高他们的综合素质，有重点地开展扶危济困，保障他们享受企业发展成果。

（五）提升调查研究能力

调查研究是一项具有明确目的的认识活动和认识过程，是中国共产党的优良传统和作风。在任何工作中，只有"情况明"，才能做到"决心大"，也才能做到"方法对"。分工会干部提高调查研究能力，就是为了更好解决职工群众的实际问题，更好地谋事、干事、成事。

1.提升调查研究能力，要坚持问题导向，聚焦突出矛盾和问题。问题是时代的声音。只有立足于时代去解决特定的时代问题，才能推动这个时代的社会进步。调查研究的目的是解决问题、化解矛盾。工会干部开展调查研究，必须聚焦基层工会遇到的新问题、职工群众急难愁盼问题等重点问题，奔着矛盾问题、风险挑战去，拿出真实管用的措施，真正解决问题和矛盾。

2.提升调查研究能力，要坚持实事求是，真正把情况摸实摸透。调查研究的目的，是把事情的真相和全貌调查清楚，把问题的本质和规律把握准确，把解决问题的思路和对策研究透彻。习近平总书记指出，"能不能做到实事求是，是党和国家各项工作成败的关键。全党同志一定要把实事求是贯穿到各项工作中去，经常、广泛、深入开展调查研究"。基层工会面临繁重任务，一切形式主义、教条主义、经验主义都是行不通的。要把调查研究做深做实，避免浮在表面、流于形式。既要到工作局面好和先进的地方去总结经验，又要到困难较多、情况复杂、矛盾尖锐的地方去研究问题，特别是要多到职工群众意见多的地方去，既要听职工群众的顺耳话，也要听职工群众的逆耳言，真正听到实话、察到实情、收到实效。

3.提升调查研究能力，要坚持群众路线，做到问需于民、问计于民。群众路线是我们党的生命线和根本工作路线。习近平总书记指出，开展调查研究就是走群众路线。调查研究应深入基层一线，问计于民，眼睛往下看，脚步往下迈。习近平总书记强调，"要拜人民为师、向人民学习，放下架子、扑下身子，接地气、通下情，深入开展调查研究，解剖麻雀，发现典型，真正把群众面临的问题发现出来，把群众的意见反映上来，把群众创造的经验总结出来"。分工会干部搞调查研究要多到基层一线去，多到困难多、职工群众意见集中、工作打不开局面的地方去，体察实情、解剖麻雀，全面掌握情况，做到心中有数。要营造环境、创造条件，鼓励职工群众讲真话、讲实话、讲心里话。对发现的问题，要分析原因、找准症结，有针对性地研究解决。

4.提升调查研究能力，要努力改进调研作风，力戒形式主义、官僚主义。做好调研的目的是了解实情。如果看到的全是精心准备的"亮点"、认真包装的"景点"，听到的都是"标准答案"，调研就会走形变味、脱离实际。习近平总书记告诫，调查研究千万不能搞形式主义，不能搞浮光掠影、人到心不到的"蜻蜓点水"式调研，不能搞做指示多、虚心求教少的"钦差"式调研，不能搞调研自主性差、丧失主动权的"被调研"，不能搞到工作成绩突出的地方调研多、到情况复杂和矛盾突出的地方调研少的"嫌贫爱富"式调研。调研要解决实际问题，不能华而不实。分工会干部要听真话、察真情，真研究问题、研究真问题，要在深入分析思考上下功夫，努力找到事物的本质和规律，找到解决问题的办法。

（六）提升改革创新的能力

创新是社会进步的灵魂，也是推动分工会工作不断向前发展的内在动力。当前，随着社会经济成分、组织形式、就业方式、利益关系和分配方式的日益市场化、多样化、复杂化，给分工会工作带来了许多的新问题，维护职工合法权益的任务也更加艰巨，这些都对分工会工作者的创新意识、创新工作方法提出新的更高要求。要做好新时期的分工会工作，分工会干部要有新作为，分工会主席必须提高创新能力，增强改革创新本领，在改革创新上有认识，有方法，有行动，有担当，有质量。勇于实践，勇于变革，勇于创新，冲破一切妨碍分工会发展的思想观念，要善于把实践中创造的经验上升为理论，努力解决组织体制、运行机制和活动方式。

1.要有认识，唯改革者进，唯创新者强，唯改革创新者胜，必须革除思想观念上的障碍。理论创新每前进一步理论武装就要跟进一步，必须坚持用习近平新时代中国特色社会主义思想武装头脑。思想解放的程度，决定改革创新的力度，必须坚持解放思想永远在路上。寻求最大公约数，画出最大同心圆，必须坚持问题导向，保持锐意进取的精神。改革创新方向失之毫厘，改革创新出路就谬以千里，必须始终保持改革创新的正确方向。

2.要有方法，方向正确以后，方法便为王，改革创新不仅要部署过河任务，而且必须解决桥和船的问题。要坚持稳中求进，推进改革创新，坚决摒弃形式主义。要做到精准施策。要善于推动顶层设计和基层探索良性互动，有机结合。

3.要有行动，改革创新的价值在于发展，必须善于结合实际创造性地推动工作。善于因势利导，顺势而为。实践第一，一抓到底。善于用网络信息手段，让最大变量释放最大正能量。

4.要有担当，善始善终，善作善成重在担当，作为一把手必须亲力亲为，抓改革创新。要敢于在关键问题上拍板。要敢于直面问题，拿出有棱角的改革方案。要敢于旗帜鲜明，坚持到底。要敢于容错纠错。

5.要有质量，坚持目标导向，重点要将改革创新成果转化为制度成果，让人民群众有更多获得感。站稳以人民为中心的政治立场，要善于把共享发展作为改革创新的检验标准。坚持高标准，出高质量，要善于不断追求高线，抢占改革创新高地。取法乎其上，得乎其中，取法其中，得乎其下，取法其下，法不得也。质量是制度的内核和生命线，要善于把改革创新成果固化为务实管用的制度。

当前，工会工作面临很多新情况、新问题，我们正在做前人没有做过的事情。这就需要我们以奋发有为的精神状态实现全面超越自我。超越自我是一种态度，这种态度就是敢于超越的态度。首先，要在思想意识上超越自我，要树立争先创优的意识，以超越常规的举措去跨越赶超。其次，要在推动发展上超越自我。坚决改变那种凡事看红头文件的做法，摒弃过去的定式思维，冲破一切妨碍发展的思想观念，改变一切束缚发展的做法和规定，要在把握规律中驾驭规律。

总之，全面提高分工会干部队伍的整体素质是一项艰巨复杂的系统工程，需要工会上下的共同努力，在思想观念、方法手段、工作要求和机制制度上有新的突破。基层工会要牢固树立"事业兴衰，关键在人"的思想，明确工作目标，落实保证措施，为加快提高分工会干部队伍的整体素质，提供强有力的组织保证，为建设一支自觉贯彻党的路线方针政策、热爱工会事业、密切联系职工群众、敢于为职工群众说话办事、政治上可靠、业务上精湛、专业知识过硬，走在时代前列的高素质和复合型的工会干部队伍而共同努力。

例文

谈做好分工会工作的体会

一、对上对下负责。一是听党委声音，工作体现党委要求，紧扣全场发展大局和中心任务，为实现企业由追赶型向示范型转变的总体目标作出积极贡献。二是围绕员工办事，就是把员工的意愿和要求作为工会工作的出发点和落脚点，充分发挥工会自身的职能，调动全员积极性，强化民主权利建设，努力为员工办实事，办好事。只有这样，才能保证工会工作正确方向，才能维护员工利益，增强员工的积极性和创造性，工会工作才能大有作为。

二、发挥职能作用，注重抓好结合是做好基层行工会工作的关键。生命在于运动，组织在于活动。工会工作的关键是充分发挥职能作用，但作用的发挥必须与基层经营管理、民主建设、文明服务、营造企业文化、为员工办实事等紧密结合，才能收到良好的效果。一是贴近经营实际，适时开展各项主题活动。如积极配合开展各类劳动竞赛活动，激发全员积极参与、抓住时机、全身心投入、为全行持续发展增添后劲，并开展"明星员工评选活动"，不定期设置"特殊贡献奖"等，努力让员工有施展才能的舞台。采取多种形式引导全员加强规章制度和业务知识的学习，以开展读书活动，拓展训练，业务技术比赛等为载体，努力达到团结、拼搏、合规、绩优的效果。二是强化民主建设，努力维护员工的民主权利。工会是员工利益的代表，依法维护员工的合法权益是工会的神圣职责，始终坚持职工代表大会制度，组织员工积极参政议政，努力增强主人翁责任感，在管理区适时组织开展"为管理区科学发展献一策"等活动，群策群力，并召开多形式座谈会、调查问卷等，发挥桥梁纽带作用，努力维护员工参政议政等合法权益。

三、加强服务管理，着力提高管理区服务水平。服务是管理区永恒的主题，工会作为基层文明服务的主抓监督部门，首先，建立健全文明服务机制，不断完善考核办法。其次，组织学习文明服务规章，开展多形式的培训，努力提高服务水平。再次，加大检查考核力度，每月分析点评，通过上门走访、调查问卷、座谈会等方式了解职工群众对服务的满意度，考核与奖罚挂钩。最后，落实以人为本，真心诚意为员工办实事、办好事是工会的重要职能之一，大力组织开展多形式、寓教于乐、丰富多彩的文体活动，推进企业文化建设，营造家园文化，大力关心员工，对生病员工及其直系亲属住院生病及死亡进行慰问，对单位员工女员工生育、子女高考金榜题名进行祝贺等，使全体员工全身心投入农场分公司发展大业中。

四、加强自身建设，坚持与时俱进是做好基层工会工作的保证。工会与其他组织一样，也有其自身的组织体系，需要加强建设，若没有完善有力的组织体系和一支高素质、敬业的工会干部队伍，是做不好基层行工会工作的，也发挥不出工会组织在基层行的应有作用。

五、注重调查研究，不断创新工作方法。主动把工会工作重点放在基层一线，收集员工关心的热点和难点问题，积极帮助出主意，想办法，谋思路，尽力帮助解决实际问题，自身不能解决的困难和问题，及时向上级反映，争取解决。同时重视用正确的舆论导向引导和教育员工。坚定对全行发展的信心和决心，努力使基层行和谐发展、快速发展。

第七章

分工会主席的工作方法与领导艺术

　　分工会主席要讲究工作方法与领导艺术，在具体的工会工作中不盲目行事，应充分发挥自己的主观能动性，讲究科学性，提高工作成效。分工会主席的主要职责就是要集中职工群众的智慧，做出科学的决策，制定符合实际的工作目标和工作方案，并动员组织职工群众去实施，这些工作都需要借助正确、科学的工作方法与领导艺术。

第一节 分工会主席的工作方法

　　分工会主席在新形势下如何正确有效地贯彻党的工运路线和工会工作方针，在很大程度上取决于能否掌握科学的领导方法。领导方法，是马克思主义认识论在领导工作中的具体运用，是领导者为了达到一定的领导目的或目标而进行的认识活动和实践活动的方式和手段。学习和掌握科学的领导方法和工作方法，是现代领导者做好工作的主要条件、履行领导职责的重要手段。可以说，讲究领导方法是正确实施分工会领导的重要保证。

　　好的工作方法，往往会起到事半功倍的效果。分工会主席要履行好职责，除了要具备良好的素质外，还应当在实践中不断地探索，讲究工作的方式方法，只有这样，才能将良好的愿望转化成预期的效果。分工会主席常用的工作方法主要有以下几种。

一、正确处理上下级关系的工作方法

　　这包括在工作单位里与上下左右的关系，也包括与群体（如党团行政）关系和非正式群体（如各种兴趣小组）等的关系。分工会主席在处理这些关系时，应遵循"尊重、谅解、支持、坦率、关心"的原则。尊重，就是尊重别人的劳动成果，无论自己的心情多么不好，不能拿同志出气。谅解，就是体谅人，理解人，在与别人发生矛盾时，善于用换位法，设身处地地替人家想想，多理解和宽容。支持，就是补台不拆台，采取帮助合作的态度，力所能及地帮别人摆脱困境，"雪中送炭"是最有凝聚力的。坦率，就是坦白直率，心底无私，胸襟宽广，对上不阿谀奉承，对下不颐指气使，不拉帮结派，不为谋私利而见风使舵、随波逐流。关心，就是注意时刻关心别人，尤其是发现别人有困难时，设法帮助，问寒问暖，尽力予以解决。只要以诚待人，以情感人，以事教育人，以理服人，就能增强群体的向心力，得到领导和群众的支持、拥护。

分工会主席应注意不要介入无原则的纠纷中去。在偶然听到同志之间的背后议论时，分工会主席务必不要传话。不负责任的背后议论是自由主义，不负责任的传话也是无组织无纪律的表现。作为分工会主席，对这种现象，在一定的场合下，要适时加以劝阻，因为"背后议论"和"传话"只能使组织涣散，加深隔阂，造成不团结的气氛。分工会主席对于上级领导，既要尊重，又不应盲目服从；对于下级，应坚持表扬、鼓励、开导为主的工作方法。这并不意味着排斥批评，但批评要注意场合，讲究方法。

一是注意场合。可在会上批评亦可在会下批评的，坚决在会下批评，在大多数情况下可以个别谈心解决。

二是批评要因人而异。人的情况是不尽相同的，对平常相当自觉而偶有过失者，一般应进行安慰式的批评，以帮助他认识到问题所在，吸取教训；对探索新问题、摸索新经验而出现过失者，应进行鼓舞式的批评；对惯于抵赖者，应抓住真凭实据进行批评；对全力而终未能尽如人意者应采取激励式的批评。分工会主席切忌在出了问题后，不敢承担应该承担的责任，甚至把责任推给别人，这将会涣散人心，丧失自己的威信。

三是批评要注意角色的转换。一个人总要充当多种角色，分工会主席和工会干部既是上下级关系，又是同志式的朋友关系。批评和自我批评也是一种思想政治工作，以上下级的关系出现，倒不如以同志、朋友的关系更有助于被批评者心悦诚服地接受批评。

二、密切联系会员、联系群众的工作方法

坚持密切联系群众，反对形式主义和官僚主义，是我们党在长期革命、建设和改革实践中形成并一贯坚持的优良传统和作风。工会是工人阶级的群众组织，它必须代表和维护广大职工群众的具体利益，把广大职工群众的意愿和要求作为工会工作的出发点和落脚点。密切联系职工群众是每一个工会干部必备的能力要求。

坚持群众路线，要求分工会在决策制定上，必须以大多数群众是否赞成、是否受益为依据，让群众及时得到应该得到的实惠；在工作安排上，必须以大多数群众的呼声和意愿为第一信号，把大多数群众关心的热点和

难点作为工作的重点；在工作方法上，必须尊重群众的首创精神，善于集中群众的智慧和力量，最大限度地调动广大群众的积极性；在工作作风上，必须深入基层、深入群众，始终保持与群众的紧密联系。密切联系职工群众最重要的是为职工群众办实事。

当前，分工会要着重在四个方面下功夫。一是坚持把职工群众组织起来。要最大限度地把进城务工人员特别是农民工、劳务派遣和各类灵活就业人员组织到工会中来，代表和维护他们的合法权益。二是坚持参与企业改革改制。分工会主席要注意源头参与，积极妥善地维护职工利益。三是坚持敢于维权与善于维权。当职工群众劳动时间极长，工资低且被拖欠时；当职工群众在高温、粉尘、噪声、有毒有害气体又无劳动保护设施条件下工作时；当职工群众被企业管理人员体罚、殴打时等，都要有工会干部的声音。要充分利用一切资源和手段，维护好职工的合法权益。四是坚持帮扶困难职工，为职工群众排忧解难。帮人莫过于帮人所难，作为分工会主席，要把帮助职工群众排忧解难作为己任，平时一定要掌握职工群众的所思所虑所盼，积极主动地进行帮扶。

三、以身作则的工作方法

以身作则，自己作表率是最好的领导方法。分工会主席要想获得职工群众的拥护支持，就要报之以无私的服务。

分工会主席应树立以自然性影响力为主、强制性影响力为辅的观念。自然性影响力又称为非权力性影响力，它是以被领导者内推力的形式来产生作用的，它产生于领导者优秀的品质和素质，能唤起被领导者自然而又积极的行为动力。强制性影响力是外界赋予的与领导者素质没有直接联系的一种影响他人行为的能力，它是以外推力的形式来产生作用的，是建立在服从和敬畏基础上的一种影响能力。

分工会主席在其工作过程中，要重视树立起以自然性影响力为主、强制性影响力为辅的观念，这不仅因为自然性影响力唤起的是被领导者一种内在的、能动的、强制性影响力所不能比拟的行为动力，而且还因为从客观上讲，分工会主席作为领导本身就不具备强制性的威慑权力。因此，作为分工会主席，要提高自身的素质，不断提高工作水平，在工作中坚持以身作则，从而焕发出一种感召力，产生一种内在的服从。比如：在困难面前，分工会主席要迎难而上；在危急面前，分工会主席要敢于担当；在荣誉利益面前，分工会主席要先人后己。分工会主席必须时时刻刻把职工利益放在心上，用自己的言行带动，从而产生一种感召力、凝聚力和向心力。

四、激励群体的工作方法

激励是用语言、行为激发使之振作的意思。分工会主席在日常工作中采取的激励方法如下。

（一）目标激励。通过提高分工会决策的透明度，使群众都来出主意、想办法。方法是：反复宣传分工会的长远目标和近期目标，用目标来统一认识，激励大家，形成群策群力。

（二）成绩激励。运用各种宣传手段，诸如简报、快讯、橱窗、广播等，公布职工的成绩，激励全体会员比先进、学先进、赶超先进。

（三）责任激励。建立健全岗位责任制，明确职责，给下级压担子，调动下级的积极性。

（四）参与激励。提高工作的透明度，在作重大决策前，广泛征求意见；在执行过程中，不断反馈信息，及时修订决策方案。参与激励的过程也是培养参与意识和参与能力的过程。

（五）奖励激励。奖励激励分为物质奖励和精神奖励。可把评比先进与职工晋级调资挂钩，与旅游、疗休养挂钩。奖励激励用得公正得当，可以进一步调动职工的积极性。

五、吸引、诱导、教育、疏导的工作方法

分工会是群众团体，分工会主席在领导工作中不能使用强迫命令的手段与方法。群众中有许多问题，靠权势是不能解决的。那么，工会领导究竟运用什么方法来做好职工群众的工作呢？事实说明，工会领导者必须且

只能用说服教育的方法，也就是吸引、诱导、教育、疏导的方法。每一位分工会主席不论做什么工作、处理什么问题，都要坚持这些基本方法。分工会主席在运用说服教育方法时，要注意以下几个方面。

(一) 在工会的思想政治工作上

要善于大张旗鼓地宣传改革和建设中涌现的先进人物、先进思想和先进典型，通过树榜样、学先进，达到群众自我教育的目的。

(二) 在工会的群众工作上

要强调坚持耐心说服和疏导的方法服人。要求分工会主席要根据不同的谈话对象的性格，讲究分寸，选择适当的方法。在谈心前，要先做好一些必要的准备，如考虑对方可能会想些什么，为什么这样想，是否有他的道理，造成这种想法的客观环境是什么，然后针对情况进行谈心。对有些比较复杂的事情，就要用摆事实、讲道理的方法层层剖析，使之明确本末，晓之以理，动之以情，达到一把钥匙开一把锁的目的。对于性格开朗、办事爽快的人，谈心说话可以开门见山、干脆利落，这样往往能够迅速产生反应和效果；对于某些经常有错不认错的职工，要事先了解实情，掌握确凿的证据，才能让其真正心服口服。

(三) 在发扬民主上

坚持采取民主的方法处理工会内部事务，是分工会主席领导工作的一条重要原则，体现的是工会工作的性质和特点。发扬民主的领导方法，就是指分工会主席作为分工会工作的领导者，要树立职工群众是工会主人的观念，让职工群众来当家作主，坚持民主办工会，以充分调动和发挥职工群众参加工会活动的积极性，增强基层工会活力，不断开创分工会工作的新局面。

1.健全分工会民主生活，切实保证会员群众的民主权利。分工会主席通过建立健全和严格实施工会内部的民主生活制度，保证会员群众民主权利的实现，保证工会组织的工作和活动充分体现民主化、群众化。分工会主席要从实际出发，建立工会的民主生活制度，如定期向会员大会或会员代表大会报告工作制度等；建立健全各项民主制度和办事规则，如工会委员会会议制度、民主生活会制度等；建立会员代表评议、民主测评工会工作和工会干部，特别是工会领导干部的制度等。同时，分工会工作中凡涉及会员群众利益的大事，都应提交会员大会或会员代表大会讨论决定，工会工作计划、重大活动、经费收支要向会员公开，接受会员监督。

2.坚持集体领导和分工负责相结合，充分实现工会领导决策的民主化。凡属重大问题都由委员会民主讨论、作出决定。分工会主席对日常工作的处理和重要问题的意见应得到分工会委员的尊重，但分工会主席不能搞"一言堂"和家长制，不能擅自决定重大问题。分工会委员也应各尽其职、各负其责，积极做好分管工作，认真执行集体决议，共同搞好分工会工作。此外，对于一些重大问题的决策，还应进一步扩大民主的范围，即要在会员大会或会员代表大会经过充分讨论的基础上才能作出。具体来说，即分工会委员会按照工会章程规定的职权决定重大问题时，应通过集体讨论并遵循少数服从多数的原则，不得由个人或少数人专断。这是分工会实现民主决策的基本要求。具体可以通过以下途径和方式，实现分工会决策的民主化。

第一，广泛参与决策。分工会委员会会议，由分工会主席召集，一般每两个月召开一次。企业分工会委员会讨论决定的重要事项，可事先召开代表团（组）长会议，征求意见。召开分工会委员会会议时，根据工作需要，也可以吸收代表团（组）长列席。企业分工会委员会的决议，由委员会全体委员过半数通过有效。为了保证分工会民主决策制度的实行，分工会委员会议事决策机构的组成人员，除分工会主席、副主席和有关专门工作委员会负责人外，应尽可能多地吸收工会小组负责人参加。同样，分工会委员会讨论决策问题，也应尽可能吸收下属各工会小组负责人参加。

第二，充分的决策酝酿过程。议事决策前，应尽量将讨论议题和决策方案提前通知各与会人员，提高决策内容的透明度，广泛听取会员意见，做好相关准备；在讨论问题时，要充分发扬民主，畅所欲言，各抒己见，提高决策过程的透明度，特别要注意听取不同意见，基本统一认识后再作出决策。如有重大分歧要慎重决策或暂缓作出决策。分工会委员如有不同意见可以保留或向同级党组织和基层工会反映，但要执行集体决议，不能随意改变或否定集体的决定。一般情况下，在集体讨论重大原则问题时应当把握的程序是：一是在企业工会委员会召开之前，应将讨论的议题通知各委员，提前做好准备。二是在研究讨论工会重大问题时，应先学习掌握党的有关方针和政策，保证作出的决定不违背原则，并要注意充分听取分管领导同志的意见和建议。三是在充分讨论研究的基础上，按照多数人的意见作出决定。

第三，创新决策辅助机制。适应分工会民主工作需要，要探索建立健全决策辅助机制，为民主决策提供更多的有效载体，例如：决策信息收集机制——在决策信息收集时，要深入企业和职工群众，进行广泛的调查研究；要集思广益，调研结论要实事求是；要拓宽信息收集途径，信息收集既有广泛性，又突出目的性。决策方案的论证机制——实行专家咨询论证制度，以弥补工会干部自身不足；实行决策方案公示和听证制度，听取会员群众的建议并接受会员监督。决策方案讨论确定机制——明确议事范围，规范决策方案讨论确定的规则，并建立讨论确定情况备案制度。这些机制，分工会宜在具体的工作实践中加以灵活运用。

第四，加强决策监督。优化企业工会组织决策环境，要着力加强监督检查机制，扩大监督主体范围，拓宽监督渠道。还包括：会员和职工群众监督——每一位会员都有监督企业分工会领导的权利，这是工会民主的必然要求，企业工会的决策与职工群众利益密切相关，必须接受职工群众的监督。下级组织监督——工会小组有权对分工会组织的决策依据、决策行为、决策结果进行监督。同级互相监督——分工会每一位委员会成员在讨论重大问题时地位是平等的，在表决过程中，每一票的分量相同。上级监督——基层工会组织通过处理群众来信、听取汇报、检查工作等多种形式对分工会委员会的决策及其结果进行监督，是促进分工会委员会决策民主的重要方面。

（3）充分调动会员积极性，努力办好分工会。工会是职工之家，要办好分工会，就要让分工会会员当家作主，充分调动会员的积极性。分工会主席要善于组织会员群众办工会，广泛地吸引会员群众参与分工会的具体事务，使分工会的事情由会员群众自己去办。分工会主席在具体组织过程中，一是要组织会员群众自我服务；二是要建立工会积极分子队伍并使其发挥好作用；三是注意避免包办代替式的行政化倾向。

六、坚持调查研究的工作方法

调查研究是坚持实事求是思想路线的根本要求，同时也是领导工作中正确地了解情况、认识事物和处理问题的基本方法。分工会主席是职工利益的代表者，需要经常深入职工群众之中，了解他们的愿望和要求，并进行客观、科学的分析研究，作为开展工作、维护职工合法权益的基础。

（一）虚心向职工群众学习

到职工群众中调研，要放下架子，拜职工群众为师，虚心向职工群众学习。只有看到职工群众是实践的主体、最富有实践经验这一点，才会老老实实向他们请教，也才能获知真正的情况。

（二）坚持实事求是的作风

调查研究不能好大喜功，只听喜不听忧，或以自己的口味定优劣。对某一问题的认识，需要从多方面观察，多听各种不同的尤其是相反的意见和看法，并根据自己观察的结果和各方面的意见、看法进行综合加工，找出问题的真相，作出正确的判断。杜绝那种想当然、偏听偏信、走马观花、不求甚解的作风。

（三）讲究方法的科学化

首先，要坚持以马克思主义立场、观点和方法为指导，用联系的、发展的观点来认识事物，运用辩证思维方法对调查资料进行分析和推论，以求作出科学的结论。其次，要科学地运用调查和研究方式。最后，要把调查与研究相结合。

总之，调查和研究是不可分割的统一的活动过程，彼此不能分离。如果只调查不经过加工分析，掌握的材料再多也说明不了问题；同时，也只有把大量的材料经过分析加工，去伪存真、由表及里地分析综合，才能把握事物的本质，明确问题的关键。

第二节 分工会主席的领导艺术

分工会主席领导艺术是分工会主席实现领导目标，提高领导效能的重要条件和根本途径。实践证明，工会主席领导艺术在工会主席的领导活动中具有重要作用。科学精湛的领导艺术，可以使分工会主席取得事半功倍的效果，顺利地达到预期的领导目标。

一、分工会主席如何树立领导的形象

分工会主席的实际地位既是客观的，又是观念中的。客观，是指分工会主席作为一级分工会组织的代表，在国家政治生活中具有实际的位置。观念中，是指分工会主席在分工会会员和广大职工心目中占据的位置。分工会主席要树立自己的威信，可以从以下几方面做起。

(一) 围绕职工群众意愿开展工作

顺应民心，是领导者建立威信的重要因素。分工会主席要切实了解职工群众的愿望和要求，使自己的言语行动合乎职工的心愿，这样才会赢得职工群众的信赖。

(二) 加强道德修养，提升学识水平

高尚的品德是建立威信最为重要的因素。只有处事公正、任人唯贤、严于律己、宽以待人，方能赢得职工群众的尊敬，才能形成巨大的感染力，建立起分工会主席的威信。同时，分工会主席要善于学习，不断提高自身的学识水平，只有这样，才能与不同层次、不同年龄的职工群众沟通交流，方能彼此信任，得到职工的尊敬。

(三) 言出法随，言出必慎

"言必信，行必果"，这是对分工会主席最起码的要求，也是群众衡量分工会主席称职与否的基本尺度。要坚决克服那种动不动就"拍胸脯"，

动不动就"封官许愿"的江湖作风。否则，不但有时自己难以收场，而且还可能适得其反。"慎"并不是"不讲"或"少讲"，而是不要乱讲。领导者自身形象是其言谈举止的高度浓缩，领导的言谈举止是决定领导威信的根本所在。

（四）正确对待职工群众

分工会主席的工作对象是职工群众，分工会主席的力量来自职工群众，分工会主席的权利是职工群众赋予的。因此，分工会主席必须站在职工群众的立场上想问题，办事情，正确对待职工群众。对待职工群众中的错误倾向，要做耐心细致的说服教育，杜绝简单粗暴的态度。当自己的意见与职工群众看法发生分歧时，要善于容纳不同意见。在平时工作中，要尊重职工群众的话语权，同情和理解职工群众的难处和一些难免的意外过失，主动帮助他们改正错误。只有长期正确对待职工群众，才能得到他们的信赖和拥护，树立起真正的威信。

（五）勤奋工作，干出实绩

分工会主席要经常深入基层和生产一线，与职工群众交朋友、听呼声，及时发现和帮助群众解决生产、工作、学习、生活中的各种实际问题，紧紧围绕职工所需开展工作，以在职工群众中树立较高的威信，赢得职工群众的拥护和信赖。

二、分工会主席的领导艺术

领导艺术是富有创造性的领导方法，是领导者在其知识、经验、才能和素质等因素基础上形成的。分工会主席的领导艺术，是指分工会主席在具备一定知识和经验的基础上，灵活运用各种技巧、手段和特殊方法。它是分工会主席学识、才能、胆略、经验的综合反映，是分工会主席素养的体现。一般而言，分工会主席的领导艺术，相对偏重于决策的艺术、协调人际关系的艺术、教育和激励的艺术、信息交流的艺术和提高效能及效率的艺术等几个方面。

（一）决策的艺术

在分工会主席的职责中，科学决策是一项十分重要的工作，也是工会领导活动的核心。决策，就是作出决定的选择活动，它包括决策的研究制定和决策的实施两个过程。所以，从完整的意义上理解，可以把决策表述为：为实现一定的目标，从许多个备选的行动方案中，选择最优化方案并付诸实施的活动过程；科学决策，就是指领导者按一定科学程序，依靠专家集体，运用现代科学思维方法和先进技术手段进行的决策活动。从艺术角度看，领导者在决策过程中需要善于捕捉和运用信息，善于审时度势，善于利用机遇，善于恰如其分，善于决断等。分工会主席决策一般可分为确定目标、拟订方案、审定方案、实施方案和追踪决策五个基本步骤。

1.确定目标

目标是指在一定的环境和条件下，在预测的基础上所期望的结果。目标是决策的基础，没有目标，就无所谓决策；而目标选择的正确与否，则直接关系到决策的成败。但是，目标的确立不能是随心所欲的。一般来讲，它有四个特点，第一，单一性。目标是单一的，只能作一种理解。第二，定量性。目标的成果或程度是可以计量的。第三，明确性。设立目标必须具体明确，目标应当是可以计量成果、规定时间、确立责任的。第四，目标必须分主次。当决策目标不止一个，而是多个的时候，分工会主席就要权衡轻重，列出先后次序，分为必须达成的和希望达成的目标。所以，确定目标是一项严肃而又审慎的工作。

2.拟订方案

决策都是在已经形成的方案中经过选优作出的，从这个意义讲，拟订可供选择的各种方案是科学决策的关键步骤。为了保证预选方案的质量，一般要求在拟订预选方案时坚持三个原则：一是目的性，就是预选方案要符合决策目标的要求，对准决策的目的；二是可行性，就是预选方案建立在切实可行的基础上，讲求实际，量力而行；三是多样性，就是要从多种途径和角度来准备预选方案，但方案之间不得雷同或大同小异。

3.审定方案

每一个备择方案，都是围绕决策目标的实现而制定，体现了各自的优点。这就需要工会主席对备择方案进行选择和择选，选取其一或综合成一。这个工作就是审定方案。在审定方案的过程中，需要注意做到以下几点。一是确定一个选择标准；二是根据具体条件确定最优标准或满意标准；三是进行局部试验；四是准备必要的应变措施。

4.实施方案

制定决策方案的最终目的是贯彻实施，以实现预定目标。因此，决策制定以后，开始进入实施阶段。当方案选定以后，在普遍实施的过程中，要做好四项工作：第一，编制具体实施计划，把决策方案具体化；第二，组织动员群众力量，调动群众的积极性和创造性；第三，落实责任，建立严格的责任制；第四，建立检查监督制度。

5.追踪决策

在决策的实施阶段，由于外部情况的急剧变化，或由于决策本身的严重错误，原有决策方案在实施中已表明脱离实际，甚至危及决策目标的实现时，就必须对原有方案进行根本性的修正，对此我们称为追踪决策。因为决策是人做的，人的错误总是难免的，再高明的领导者，也有失误的可能。所以，在进行追踪决策时，分工会主席一定要有勇气，敢于正视现实，克服阻力，尽可能地减少损失，弥补失误。追踪决策是对原有决策的扬弃，是对原来决策的再认识和重新决策，这在决策过程中是一种正常的现象。要注意的是，分工会主席决策必须民主。决策的民主化，是指在决策中充分发扬民主，以确保决策的科学性。实现决策的民主化，就要求领导者改变旧的家长式的个人决策体制，建立新的适应现代化需要的完整的科学决策体制。工会是民主建设的重要推动者，工会应当成为民主建设的典范；工会是职工群众的团体，必须能代表职工群众的利益；工会是否脱离群众，工会存在的基础是否牢固，都要求分工会主席的决策民主。分工会主席的决策直接关系着广大职工群众的权益，为了避免决策的失误，要求重视专家、学者的智囊作用，重视职工群众的作用，实现决策的民主化。

（二）协调人际关系的艺术

工会领导工作是由诸多要素组成的组织系统，在实现目标过程中，必

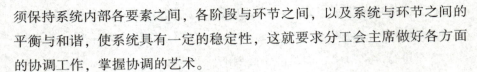

须保持系统内部各要素之间，各阶段与环节之间，以及系统与环节之间的平衡与和谐，使系统具有一定的稳定性，这就要求分工会主席做好各方面的协调工作，掌握协调的艺术。

1.协调与分公司党组织的关系

分工会主席在协调与分公司党组织的关系时，一方面，要自觉接受党组织的领导，在思想上政治上行动上与党中央保持一致，认真贯彻党的基本路线、方针、政策，紧紧围绕党组织在每个时期的中心任务开展工作，并善于把党的主张经过分工会的民主程序，变成广大职工的自觉行动，使之得到贯彻落实；另一方面，要坚持依照法律和工会章程独立自主、创造性地开展工作，通过贯彻基层工会的工作部署和自己的积极努力，使分工会工作更加充满生机和活力。为了正确地把握好接受党的领导和独立自主开展工作的关系，把两者有机地统一起来，分工会主席在实际工作中要积极主动地加强与党组织的信息交流，及时了解和掌握党组织的决议和对分工会工作的指示，及时把职工群众的意见和要求，以及分工会工作的有关情况和自己对重点问题的见解向党组织汇报，争取党组织对分工会工作的理解和支持。

2.协调与分公司行政领导的关系

分工会主席在协调与分公司行政领导关系时，要注意在日常工作中通过各种渠道与行政领导沟通。有效的沟通是做好分工会工作的前提条件。要经常邀请行政领导参加分工会活动，使他们认识和了解分工会，进而自觉地支持分工会工作。首先，依法建立平等协商机制，与行政共同解决涉及劳动关系的重要问题，维护好职工的合法权益。其次，要支持分公司行政行使生产指挥管理权，教育、引导职工自觉遵守规章制度，服从指挥，努力完成生产和工作任务，动员职工积极为企业发展献计献策，努力提高企业的经济效益。当工会领导与行政领导发生意见分歧时，双方应当本着互相尊重、求同存异的原则，进行平等协商，按照各自的职权范围，对有分歧的问题妥善加以解决。若仍不能达成一致，可请单位党组织进行协调并向基层工会反映。

3.协调分工会组织内部上下级关系

分工会主席协调好组织内部的上下级关系，有利于创造良好和谐的工作环境，提高分工会组织的整体效能。在协调与上级领导的关系时，要注意做到以下几点：一是对基层工会的有关指示精神和布置的工作任务，要认真学习领会，明确上级意图，清楚具体要求，结合工作实际认真贯彻执行；二是对工作中的情况和遇到的困难，要及时报告请示，争取上级的帮助和支持；三是要注意维护上级的威信，特别是在上级有错误时，意见要直言相告，不能背后议论；四是不能对上级领导阿谀奉承、丧失原则，既要尊重领导，又不应盲目服从。在协调与下级和会员群众的关系时，要注意做到以下几点：一是强化服务观念，为下级提供切实有效的服务，努力维护好他们的合法权益；二是实行参与型领导，增强下级和会员群众的参与意识，在情感上与他们保持一致；三是耐心听取下级的意见，自觉接受群众的监督；四是虚心接受不同意见和来自下级的批评，要严于律己，虚怀若谷，特别是对下级和会员群众由于不了解情况而产生的误解，要耐心做好解释工作；五是要在行动上起到模范带头作用，并且有"甘为人梯"的精神，鼓励下级赶超自己；六是关心体贴下级和会员群众，积极帮助他们解决实际问题。

4.协调与群团组织的关系

在我国，与工会关系密切的群众团体有共青团、妇联，以及企事业里由职工自发组织的协会、兴趣小组等。随着社会的不断发展进步，各种社会工作之间的联系越来越紧密，分工会工作越显社会性，并相应地受到各种社会因素的制约。加强与其他群众团体的合作，将有力地促进分工会工作。加强和改善与其他群团组织的关系，要注意做到以下三点：一是克服"行政化"倾向，做群众团体中的普通一员，消除"感情距离"；二是加强工作信息的沟通，经常开展面对面的交流活动；三是努力寻求工作上的真诚合作，如在从事女职工、青年职工等工作时，可相应地争取单位内部各类群众团体的活动，利用工会较完备的物质条件，为有关团体活动提供物资和经费上的帮助，使他们的各种活动成为分工会群众性活动的重要组成部分，以此进一步发展良好的关系。

（三）组织指导的艺术

分工会主席要有组织指导艺术。分工会主席的组织指导艺术，是创造性地运用组织和指导知识的技能、技巧。分工会主席组织指导艺术的主要内容有以下几点。

1.善于在民主基础上集中

因为各分工会组织委员互相之间是平等的关系，分工会主席在组织指导过程中，应强调民主化，以保证组织指导的正确性。分工会主席在会议上讨论决定工作时，或者在交谈、检查指导工作时，都应当充分地听取别人的意见，把正确的可行的意见加以集中，并善于把自己的想法有机地融合进去，做到不要突出个人，这样，才是一个有威信的分工会领导者。我们党的路线、方针和政策，是在民主基础上制定的，也是工人阶级意志的高度集中。作为分工会主席要善于把党的路线方针政策，同职工群众的要求密切结合起来，通过工会的民主程序，变为工会的决议，然后在群众中贯彻执行。

2.尊重他人，充分信任部属

分工会主席同下级、同级的工作关系，是建立在互相信任、互相尊重的基础上的。因此，分工会主席要注意尊重别人的意见；要相信部属，放手让别人工作，鼓励下级根据工会的文件，结合实际情况开展工作；要协商多于指令，把指导融化在协商之中；要注意帮助下属解决工作中的困难。总之，要尊重他人，要充分信任部属。

3.注意沟通，达成共识

分工会在领导关系上运用的主要手段是非权力影响力和协商。要实现这一点，一个重要的技巧，是分工会主席要注意和同级领导、下级领导甚至其他社会组织及时地沟通情况。通过沟通，达成共识。可以说，这是分工会主席实现有效组织指导的基础；反之，如果不注意沟通，各想各的，做不到步调一致，领导者指导工作也会流于形式，而下级不能真心接受，就难以落实。如果上下级有了共同的认识，为了共同的目标与利益，就可以心连心，以推动工作的开展。

4.弹性控制，自我管理

在工会章程、工会目标、工会工作方针的统一之下，分工会主席要依据自己的实际，结合本单位的情况，独立自主地开展工作，进行自我管理。在一定限度内，各单位有弹性控制的自由，这就是弹性控制艺术。它的好处在于下级没有明显的被控感，能发挥下级的创造性和主动性，同时，也有利于下级加强事业心和责任心。

5.吸引诱导，教育群众

吸引诱导就是诱发和满足职工群众生理、社会、心理的需要，使其产生一定的动机，自觉参加工会组织的活动，从而指导职工的行为目标与工会组织的行为目标相一致。实践证明，在自愿的基础上受到的教育是稳固的，能产生自觉的行为。这也是工会特有的活动方式与领导艺术。在具体做法上，许多工会组织创造了宝贵的经验，如民主管理与民主监督、形势任务的自我教育、劳动和技能竞赛等活动，在实践中的效果是很好的，是值得推广和发扬的。

（四）选人、用人的艺术

选人、用人，指的是分工会主席为实现分工会工作目标而选拔和使用各种人才。分工会主席如何选好人、用好人，事关工会事业的成败，具有十分重要的意义。对于分工会主席来说，如何讲究用人艺术，合理配置人力资源，在发现人才、培养人才、使用人才方面发挥重要作用，充分发挥人才在工会工作中的能量和智慧，以提高工作效能，这是在工会领导活动中应当高度重视的一个大问题。分工会主席选拔人才主要是选适合条件的分工会干部，因此在方法上应与党政干部的选拔有所区别。分工会主席要选那些适合做工会群众工作并受到职工群众信赖、支持，热心为职工群众服务、为工会事业奋斗的人才。

选拔人才的方法，主要有民主选举和自荐等方式。其中，民主选举工会领导人是工会会员最基本的民主权利，并受法律保护，分工会代表大会的代表和委员会的产生，要充分体现选举人的意志，必须做到以下几点。第一，候选人名单，要反复酝酿，充分讨论。第二，选举采用无记名投票方式，可以直接采用候选人数多于应选人数的差额选举办法进行正式选举；也可以先采用差额选举办法进行预选，产生候选人名单，然后进行正式选举。第三，任何组织或个人，不得以任何方式强迫选举人选举或不选举某个人。现在，为保证党的统一领导，分工会委员会的主要负责人选，由同级党委和基层工会推荐。但协商推荐的候选人也要经过法定的民主程序，由分工会会员群众民主选举产生。自我推荐，即自己推荐自己，这是颇具特色的一种人才选拔办法，比较适合对工会积极分子的选拔，在实践中有不少工会积极分子就是通过自荐而显露才能的。分工会主席一定要保护好自荐者的积极性，并通过一定方式考察、录用。

分工会主席要善于在实践中发现人才、选拔人才，但更需要在实践中使用好人才，使人尽其才。因此，充分掌握和运用好使用人才的艺术，对做好工会领导工作十分重要。分工会主席使用人才的艺术主要如下。

1.用其长、容其短

人有共性，也有个性。人的知识、才能、气质、思想状况、兴趣爱好、成熟度各不相同。领导者用人的关键是用其长，容其短。发挥其长处，避免、容纳并逐步帮助其克服短处，做到扬长避短，或者是扬长容短，充分发挥其才能。特别是对那些有特殊才能的专业人才，更要充分发挥其长处。因此领导者只有用其长，避其短，才能用当其才，获得事半功倍的效果，顺利地完成各项任务；相反，若不知其所长，使用不当，必然造成对人才的极大浪费。工会工作是职工群众自己的事业，在各类专兼职干部和工会积极分子中间，集合了各种各样的人才，这就需要分工会主席深入其中，了解每个人的特点，委以合适的岗位和职责，充分发挥他们的作用，但要注意既不能大材小用，也不能小材大用，大材小用会使人才不能发挥作用，小材大用会使工作受到损失。分工会主席在用其长、容其短时，还要正确认识人才长与短的辩证关系，长与短的辩证关系，就是长和短两者的相互依从、相互转化。分工会主席在用人时，不但要知人长短，而且能从长中见短，短中见长。此外一个人的长处和短处也不是一成不变的，优点扩展了，缺点就受到限制，发扬长处是克服短处的重要方法。在日常工作中，我们常见到有些长处比较突出、成就比较大的人，缺点往往也比较明显；分工会主席对那些有真才实学，但有缺点的同志，只要不是原则性的错误，就可以在培养教育中大胆使用，扬长避短，做到人尽其才、才尽其用。

2.明确职责，适当授权

明确职责，就是明确所担当的职责，使下属干其所干；适当授权，就是根据实际需要，授予一定的权力，形成责权对等，使下属更好地履行职责。领导者对所属干部明确职责，适当授权，这是实现领导的重要基础。尤其是实行适当授权，可以使领导者摆脱过多事务的困扰，而以主要精力处理重大问题，同时还可以调动下属的积极性。真正的领导者不是事必躬亲，而在于指出路来；领导者作为"指路人"的关键就在于集中精力抓大事，方向明确。领导者的集权要适度，控制权力要恰当，要善于运用授权的艺术，要善于调动下级的积极性、主动性和创造性，激发其工作热情，提高工作效率，一级抓一级，各负其责。否则事无巨细，都由自己说了算，下级便会无所适从，消极等待，就不可能收到好的工作效果。授权可以使下级在实践中得到锻炼和发展，并可以在实践中培养干部，考核干部。分工会主席在授权过程中必须注意运用一些基本的授权艺术，使授权能够获得预期的良好效果。一般说来要注意做到尽可能选择合适的人，要明确权责范围，要讲究授权的方式，要对被领导者进行及时的检查、指导和考察。

3.要敢于用比自己强的人

能当领导的人，不一定都是能力最强的人。即使能力再强，没有下属，没有人才，他的目标也是无法实现的。正如一个将军的成功，也要靠其得力的部下。因此，领导者关键是要敢于和善于使用比自己强的或曾反对过自己而又有真才实学的人。那种生怕下级超过自己、威胁自己，而采取一切手段压制别人抬高自己的领导，是不会取得下级的信服，也不会取得满意的效果的。领导者虽然有一定的才能，但每一位领导者又不可能是全才，特别是在知识经济的时代，科学技术飞速发展，领导者不可能掌握和知晓所有的新情况、新问题。而从事各种专业工作的人才，他们具有丰富的专业技术知识和经验，他们的专业知识和技能必然比从事"综合性管理"的领导要强，因此在完成某项工作或任务时，领导者要敢于大胆使用比自己强的人。对于分工会主席来说同样如此。工会工作涉及的面广，遇到的大量实际问题既具体又复杂，分工会主席一定要善于并且敢于重用那些在具体工作中比自己强的专业人员，充分发挥和调动他们的才干，去处理那些棘手又琐碎的大量问题，从而为分工会工作拓宽领域、提高效率。

4.要敢于重用有才华的年轻人

在西方流行一句名言，"要么创新，要么死亡"。而敢于创新是有才华的年轻人的本质。年轻人最富有创造力。据统计，人的一生中25~45岁之间是创造力最旺盛的黄金时代。不敢重用年轻人，既耽误了别人，也影响了事业的成功。领导者要敢于重用年轻人，并不断激发其创造力，使平凡的人，干出不平凡的事。领导者也不要怕年轻人没有经验，经验是在实践中创造的。分工会主席也应在实际工作中重视培养和使用有才华的年轻人，以使工会事业后继有人。在有些领导的观念中，常存在不重视工会工作的倾向，把老弱病的人员安排在工会工作的重要岗位上，这无疑大大削弱了工会组织的战斗力和活力。当前党和政府充分认识到工会这个群众组织在社会主义现代化建设中的重要性，工会干部队伍的素质也有了极大的提高，并涌现出一大批年轻有为的工会领导者，分工会主席也应顺应历史潮流，敢于并善于在实践中发现和重用那些有才华的年轻人，推动工会事业不断向前发展。

5.要尊重和信任下属，做到"用人不疑"

分工会主席要尊重和信任下属，努力激发他们的工作热情和创造性，对于那些已安排到各个岗位的工会干部，要充分尊重和信任他们，支持他们尽职尽责，大胆工作。对于下级干部，只要他们认真贯彻了党和工会的重大方针政策，具体怎么做，一般不要干预，更不可大包大揽，不要强求别人按照自己的框框办事，要做到"用人不疑"，只有这样，才能调动工会干部的积极性，使他们放开手脚，创造性地开展工作。

6.要重视个人素质，更要强调群体互补效应

人的素质千差万别，作为分工会主席应重视并提高下属的个人素质，

同时，要突出对人才的开发与利用。发挥人才的创造性特征，在对重大问题决策时，应广泛征求不同意见，展开有益的争论，对一些能坚持自己的主见、不随波逐流的意见要予以重视。分工会主席要从不同意见中得到启发，善于听谏、纳谏，避免异口同声，在日常工作及配备人员时，更要重视群体互补效应，让不同特长、不同性格、不同才能的人互补协调，以免发生摩擦和内讧，强调群体互补效应，才能使工会工作生机盎然。

三、分工会主席要不断提高自己的领导艺术

分工会主席要更好地发挥组织、指挥、协调和控制的领导职能，就必须充分掌握和不断提高自己的领导艺术，在工作中创造性地运用领导方法和领导经验。

（一）处理好两个关系

1.传统经验与创新的关系

分工会主席在实践中积累的领导方法和领导经验，是运用领导艺术的基础，它与领导艺术密切联系，不可分割。分工会主席的领导方法和领导经验，是从具体分工会工作和社会活动的实践中创造和积累起来的。分工会工作和社会活动在各个历史时期的发展变化，使分工会主席的领导方法和领导经验带有历史发展的色彩，而阶段性的工作总结，又不断丰富着领导方法和经验。

日常工作中，分工会主席要经常向同行和非同行学习成功的领导方法和经验。但凡工作中获得成效的基层分工会主席，都十分珍惜以往的传统领导方法和经验，并努力使之发扬光大，从而为提高自己的领导艺术打下良好的基础。

当前，广大职工的劳动方式、生活方式和观念形态都发生了新的变化，这对分工会领导者尤其分工会主席的领导方法提出了更高的要求。分工会主席在自己的工作中要善于转变不适应的活动方式和领导方法，积极探索和创造新的方式、方法。这种转变、探索和创新，就是对以往领导方法和领导经验的吸收和创新，就是讲究领导的艺术性。在此情形下，有的

传统的方式、方法和经验，可能仍然具有很强的生命力，则可以将之继续发扬光大；有的可能存在部分合理、适应的因素，需要在补充、丰富和发展的基础上，获得新的生命力；有的则可能因为不适应而逐渐扬弃，被新的方式、方法所代替。分工会主席为了更好地掌握和运用领导艺术，应当正确处理好传统方法经验与创新的关系。

2.领导意志与群众意愿的统一

分工会主席的领导艺术，无疑反映了分工会主席作为分工会组织领导者的意志，即领导艺术的主观性。但同时，分工会主席的领导艺术也不能脱离所作用的客观对象，即广大职工群众的意愿而孤立地存在。

一般来说，分工会主席在创造性地运用一般领导方法和领导经验的过程中，应注重于调查研究，实事求是地分析和概括职工群众的意愿，使得在运用领导艺术时所反映出来的领导者的意志，是职工群众意愿的集中、提炼和升华，是职工群众智慧的体现。在分工会领导活动中，只有反映职工群众意愿的领导艺术，才能使领导工作具有广泛的群众基础，对职工群众有强烈的吸引力。总之，基层分工会主席必须认真处理好领导意志与群众意愿的关系，在领导艺术中把两者辩证地统一起来。

（二）分工会主席要提高依法办事的领导能力

分工会干部法律素质的高低，直接关系到依法维权的实际效果，关系到工会组织作用的发挥。依法办事是分工会主席开展工作的基础。分工会主席只有知法、懂法、严格依法办事，才能教育引导广大职工遵纪守法，才能履行依法维护职工合法权益的基本职责。

1.分工会主席应认真学法

要熟悉和掌握宪法、国家基本法和社会主义市场经济以及与职工权益相关的法律知识，如《劳动法》《工会法》《劳动合同法》《劳动争议调解仲裁法》《中国工会章程》《企业工会工作条例》等法律法规，不断增强法治观念，切实增强法治意识，不断提高依法治会、依法维权的能力和水平。

2.分工会主席应知法懂法

一个合格的分工会主席，应熟悉掌握各类法律法规，特别是涉及工会和职工权益的法律法规。不仅要懂得国内法，还要对国际法律法规有所了解。要理解掌握社会主义民主法治建设理论、方针和政策，为提高依法办事能力、正确运用依法办事领导方法奠定理论基础。

3.分工会主席应严格用法

分工会主席依法办事领导方法的关键在于用法。分工会主席要在分工会领导活动和管理工作中，严格依法办事；要使自己的工作和行为严格限制在法律规定的范围内；当自己和工会组织、职工群众的合法权益受到侵害时，要敢于和善于运用法律武器去争取公道；要学会正确地运用法律分析和解决问题，努力把领导能力提高到一个新水平。

4.分工会主席应是遵纪守法的模范

分工会主席是分工会工作的组织者和领导者，其自身素质高低、法治观念强弱直接影响到工会作用的发挥程度。因此，分工会主席必须模范地学习和遵守法律，在宪法和法律的范围内活动，成为遵纪守法的模范，进而影响和带动职工学法、知法、守法、依法维护自身权益。

（三）分工会主席要充分尊重分工会会员的主体地位

会员是分工会的肌体细胞和行为主体，会员主体地位的实现程度是衡量会内民主发展程度的重要标尺。作为工人阶级自愿结合的群众组织，分工会工作的最大特点是其群众性。会员参与分工会工作和活动的积极性与主动性，是工会组织活力的源泉。尊重会员主体地位，依靠会员群众开展工作和活动，是不断提高分工会自身建设科学化水平、贯彻落实党的群众路线的具体举措和实际体现，是增强基层分工会活力、提升分工会组织凝聚力和吸引力、推动分工会群众化民主化建设的内在要求，是破除分工会组织行政化、机关化倾向、实现分工会工作方式转变和创新发展的客观需要。

1.要在宣传引导上不断增强入会职工的会员意识

当前，职工和会员队伍的结构成分、文化程度等都发生了深刻变化，大量的农民工、劳务派遣工、大学毕业生成为工人阶级的新成员，提高这一部分会员群众的会员意识是工会面临的迫切任务。基层分工会主席要把发展会员与发挥作用结合起来，广泛宣传分工会的性质、地位和作用及分工会的社会职能、基本职责，让入会职工对分工会组织有一个正确的了解和认识。同时运用各种形式和手段对会员进行培训，提高会员素质，增强他们参与分工会事务管理的能力和会员身份的荣誉感、责任感。

2.要在组织制度建设上确保会员群众参与分工会事务的民主权利

分工会主席要以推进会员（代表）大会制度建设为基础，建立完善会员意愿表达机制，落实好会员群众对分工会工作的表达权。要定期组织会员代表开展活动，实现会员代表履行职责常态化、规范化。要以会务公开、开门办会为主要形式，积极推进基层分工会会务公开，不断创新和拓展会员群众参与分工会事务的渠道，充分保障会员的知情权、参与权、监督权和选举权，提高基层工会群众化、民主化水平。

3.要在工作活动方式上提高会员群众的参与度

分工会主席要立足实际，积极探索和创新分工会活动方式和方法，充分调动会员群众的参与热情。同时，力求把能够交给会员群众去办的分工会工作和活动，由会员自己去组织、去实施，充分体现分工会工作和活动特别是职工文化活动的自主性、自发性和业余化、经常化。分工会的任务就是搭建平台，提供保证，正确引导和积极帮助会员群众组建各种协会、兴趣小组和俱乐部等自发性的团体，使会员群众由被动管理变为自我管理，提高职工和会员参与分工会活动的主动性和扩大参与面。同时，要结合实际，为会员群众提供多种形式的优惠服务，解决职工入会与不入会都一样的现实问题，体现会员与非会员的区别，增强会员对工会组织的亲和力和向心力。

4.要建立和完善会员群众对分工会工作的民主评价机制

分工会组织开展的一切工作与活动、分工会干部的履职情况，要让会员群众有评价权、监督权。要破除单一的由上级工会评定基层分工会的机制和模式，实行与自下而上相结合、以会员群众评价为主的机制和模式。当前，重点要按照全国总工会《关于开展会员评议职工之家活动的意见》，广泛开展会员评家活动，把建家的评判权真正交给会员群众。

同时，分工会主席要做职工群众的贴心人。分工会是职工之家，竭诚为职工群众服务，是分工会开展一切工作的出发点和落脚点。分工会主席身居职工群众之中，直接面向广大职工群众，一言一行都代表着分工会组织的形象，不论从分工会组织性质，还是分工会干部的要求来讲，都应当成为职工群众的贴心人。分工会主席要成为职工群众的贴心人，应从以下三个方面做起。

第一，要有服务职工群众的真情。分工会是职工之家，分工会干部就是这个家中的服务员。分工会干部尤其是分工会主席要有对分工会工作的满腔热情和对职工群众的深厚感情，这是做好分工会工作的基础，也是对分工会干部的最基本要求。分工会主席要牢固树立群众观念和服务意识，视职工为亲人，想群众之所想，急群众之所急，办职工之所需，努力为职工做好事、办实事、解难事。要真心实意地关心职工、爱护职工、服务职工，做职工的知心朋友，让职工真正能体会到分工会家的温暖，用真情赢得职工群众的信任和支持，使分工会组织形成强大的凝聚力，这样的分工会主席才是有作为的基层分工会主席。

第二，要坚持深入职工群众。分工会最大的危险是脱离职工群众。分工会干部要有强烈的责任感，经常深入职工群众之中，走访职工家庭、征求职工意见，了解职工所思所想所盼所求，及时掌握职工群众劳动权益、经济利益、民主权益以及精神文化需求等方面的情况，倾听职工群众的呼声，关心职工的冷暖疾苦，反映职工群众的意愿，针对职工群众最现实、最关心、最直接、最急需解决的问题，反映诉求，加强协调，提供服务，千方百计地为职工群众服务，切实帮助他们解决生产生活中的实际困难和问题，当好困难职工的第一知情人、第一报告人、第一帮助人。

第三，在当前纷繁复杂的劳资关系面前，分工会主席担负着繁重的任务，仅有真情热情是不够的，还要具备一定的政策水平和组织协调能力。要敢于为职工说话，还要能够说到点子上，有理有据，符合法律法规政策；敢于维权还要善于维权，始终做到主动依法科学维权。

第八章

分工会主席日常工作的实务操作（上）

　　面对广大职工群众的新诉求、劳动关系的新变革、工会改革的新要求，如何应对挑战，与时俱进地加强分工会工作，是摆在分工会主席面前的新课题、新任务，值得深入研究和探讨。

第一节　分工会的职工群体维权工作

分工会主席在企业和职工之间中扮演着一个十分重要的角色，是企业与员工之间沟通的桥梁，分工会主席在工作中必须立足当前劳动关系变化的特点，从职工的实际需要出发，针对维权工作的重点和难点，不断改善工会维权工作的机制、内容、手段和方法，在实践中完善，在创新中提高，使工会维权工作体现时代性、把握规律性、富于创造性。要认真学习贯彻习近平总书记关于工人阶级和工会工作的重要论述及中国工会十八大精神，认真履行维护职工合法权益、竭诚服务职工群众的基本职责，创新理念，不断提升维权工作层次和水平。

一、牢固树立中国特色社会主义工会维权观

"以职工为本，主动依法科学维权"，是中国特色社会主义工会维权观。这一维权观，集中体现了党对工会维权工作的总体要求，是坚持中国特色社会主义工会发展道路、落实"组织起来、切实维权"工作方针的具体体现。

（一）以职工为本，是工会维权观的核心

工会是职工群众自己的组织，广大职工是工会组织的力量之源，密切联系职工群众是工会工作的生命线，竭诚服务职工群众是工会工作的根本宗旨。工会维权工作坚持以职工为本，就是要坚持一切依靠职工、一切为了职工，把职工群众的愿望和呼声作为工会维权工作的第一线信号，把职工群众的参与和支持作为工会维权工作的根本依靠，把职工群众的满意程度作为衡量维权工作成效的重要依据。

（二）主动维权，就是要增强分工会的责任意识，主动了解并超前预见职工群众的实际困难和问题

积极反映诉求、化解矛盾，改变事后介入的被动维护，努力做到提

前维护和主动维护，更好地动员和引导广大职工积极支持和参与改革，在改革涉及的利益关系调整中完善维权机制、落实维权措施、取得维权实效。

（三）依法维权，就是要增强法治观念，善于运用法律手段和途径维权

要通过合法的途径和方式，依法规范维权行为，更好地适应社会经济关系和劳动关系的深刻变化。新修改的《工会法》第六条规定，维护职工合法权益、竭诚服务职工群众是工会的基本职责。工会在维护全国人民总体利益的同时，代表和维护职工的合法权益。工会通过平等协商和集体合同制度等，推动健全劳动关系协调机制，维护职工劳动权益，构建和谐劳动关系。工会依照法律规定通过职工代表大会或者其他形式，组织职工参与本单位的民主选举、民主协商、民主决策、民主管理和民主监督。工会建立联系广泛、服务职工的工会工作体系，密切联系职工，听取和反映职工的意见和要求，关心职工的生活，帮助职工解决困难，全心全意为职工服务。

（四）科学维权，就是要把握工会维权的特点和规律，用科学理论来指导，用科学态度来协调，用科学方法来推进

更好地做到促进企业发展和实现职工利益相统一，做到职工利益实现和企业经济效益的发展水平相适应，把维权工作贯穿于推动改革、促进发展、积极参与、大力帮扶的全过程，使工会维权工作沿着正确的方向不断前进。

主动依法科学维权，充分体现了强化责任与主动进取的统一、着眼现实与兼顾长远的统一、规范运作与科学推进的统一，是工会维权工作必须遵循的重要原则。

二、维权的主要内容

（一）维护职工合法权益、竭诚服务职工群众是分工会的基本职责

分工会主席需要重点维护职工以下几个方面的合法权益。

1.维护职工民主政治权利

加强基层民主管理，保障职工民主选举、民主协商、民主决策、民主管理和民主监督权利的落实。

2.维护职工经济权利

一是维护职工劳动就业权利，督促用人单位规范用工行为，协助党政做好就业再就业工作，促进就业与经济发展水平同步增长；二是维护职工获得劳动报酬权利，监督企业严格执行国家有关工资的规定，推动解决拖欠工资问题，推动职工尤其是一线职工工资与企业经济效益和国家经济社会发展同步增长；三是维护职工社会保障权利，督促用人单位为职工缴纳养老、医疗、失业、工伤、生育保险费，帮助职工解决生活困难，推动社会保障制度的建立和完善；四是维护职工劳动安全卫生权利，督促用人单位落实劳动安全卫生法律法规，改善劳动安全卫生状况，保障职工身体健康、生命安全和女职工特殊权益。

3.维护职工精神文化权利

全面实施职工素质建设工程，督促企业建立职工职业培训相关制度，落实国家有关规定，重视职工的职业培训和职业技能的提高，保障职工的学习权、发展权。同时，工会还要积极开展职工群众喜闻乐见的文体活动，通过文体活动团结、吸引、教育职工，增强工会的凝聚力和感召力。

4.维护职工社会权利

组织和代表职工参与社会事务管理和社会利益关系协调，保障职工在社会生活领域拥有的各项权益，享受社会公共事业服务与保障。

根据我国有关法律、法规规定，因企业违反劳动法律、法规，使职工上述合法权益受到侵犯并形成争议，工会应根据不同情况提出解决意见。在国有企业或集体企业中，可通过劳动争议调解委员会依法调解有关争议；在外商投资企业和私营企业中由此引发的劳动争议，争议双方可以进行协商。工会也可以代表职工与企业协商。无论是在国有企业、集体企业，还是投资企业、私营企业，通过调解或者协商不能解决的，职工可向劳动争议仲裁机构申请仲裁。对仲裁裁决仍然不服的，可依法向企业所在地人民法院提起诉讼。对于向仲裁机构或者人民法院提起诉讼的职工，工会应当给予支持并为其提供法律上的帮助。法律上的帮助包括提供法律咨询、帮助当事人写法律文书、担任当事人的诉讼代理人，参加仲裁和诉讼活动，提供物质帮助，在舆论上给予支持和呼吁等。对经济特别困难的职工，工会也应给予经济上的帮助。根据我国民事诉讼法的有关规定，工会作为同当事人有关的社会团体可以推荐有关人员接受职工委托，作为其诉讼代理人参加诉讼活动，并有权调查搜集证据和查阅本案材料，行使诉讼代理人的权利，有效地依法维护职工的合法权益。

（二）分工会维权的重点内容

1.维护职工获取劳动报酬的权利

劳动报酬是指职工在用人单位因从事劳动和工作而获得的各种物质补偿，主要包括工资、奖金、津贴和补贴。职工获取劳动报酬是其享有的劳动权利之一。用人单位应该按照法律的规定和合同的约定以货币形式、按时足额地向职工支付工资，不得克扣和无故拖欠劳动者工资；用人单位支付劳动者工资不得低于当地政府规定的最低工资标准，但最低工资不包括延长工作时间的工资报酬，夜班、高温、低温、高空、井下、有毒、有害等特殊工作环境和劳动条件下的津贴，国家法律、法规规定的社会保险和福利待遇等。安排劳动者延长工作时间的，用人单位应支付不低于工资150%的工资报酬；休息日安排劳动者工作又不能安排补休的，支付不低于工资200%的工资报酬；法定休假日安排劳动者工作的，支付不低于工资300%的工资报酬。用人单位如有违反工资支付的法律、法规，侵犯职工劳动权益的行为，基层工会应当代表职工要求用人单位采取措施予以改正；用人单位应当予以研究处理，并向工会作出答复；用人单位拒不改正的，基层工会可请求当地人民政府依法作出处理。对于职工因劳动报酬问题向劳动保障部门的监察机构举报、要求查处或向劳动争议调解委员会、仲裁机构申请调解或仲裁的，工会应予以支持和帮助。

2.维护职工休息休假的权利

我国实行的是职工每日工作时间不超过 8 小时，平均每周工作时间不超过 40 小时的工时制度。用人单位由于生产经营需要，延长职工工作时间的，要与工会和职工协商后施行，并严格按照《劳动法》第四十一条的规定进行限制，一般每日不得超过 1 小时，特殊原因需要延长工作时间的，在保障劳动者身体健康的条件下延长工作时间每日不得超过 3 小时，每月不得超过 36 小时。除了全体公民放假的节日外，用人单位对部分公民放假的节日及纪念日也应按照国家的规定，安排相关的劳动者休假，如妇女节女职工放假半天，青年节青年职工放假半天。对于享有探亲假和婚丧假的职工，用人单位也应给予他们依照法律应享受的待遇；对于实行年休假制度的单位，还应合理地安排职工进行休假。用人单位如有违反国家规定的工时制度和休息休假制度，严重侵犯职工劳动权益的行为，基层工会应当代表职工向用人单位行政部门提出意见，或者与其交涉，要求用人单位予以改正；用人单位拒不改正的，还可提请上级工会予以帮助，直至请求当地人民政府依法处理。与此相关，延长工作时间也就是经常讲的加班加点，是指用人单位经过一定程序，要求劳动者超过法律、法规规定的最高限制的日工作时数和周工作天数继续从事工作的时间。一般分为正常情况下延长工作时间和非正常情况下延长工作时间两种情形。

（1）正常情况下延长工作时间，是指用人单位由于生产经营需要，经与工会协商后延长工作时间。用人单位决定延长工作时间，应进一步与劳动者协商。因为延长工作时间要占用劳动者的休息时间，只有在劳动者自愿的情况下才可以延长。此外，延长工作时间的长度也必须符合《劳动法》的规定。如果不遵守这一规定，即为违法，就得承担法律责任。

（2）非正常情况下延长工作时间，是指依据《劳动法》第四十二条的规定，遇到发生自然灾害、事故或者因其他原因，威胁劳动者生命健康和财产安全，需要紧急处理的；或者生产设备、交通运输线路、公共设施发生故障，影响生产和公众利益，必须及时抢修的；法律、行政法规规定的其他情形。用人单位延长工作时间可以不受正常情况下延长工作时间的长度限制，既不需要审批，也不需要与工会和劳动者协商。这是因为，上述情形都涉及公众利益，如不及时解决，必将影响到人民群众的生活，甚至生命和社会正常的生产秩序，通过延长工作时间及时解决这些问题是十分必要的。对上述情况下的延长工作时间，劳动者不仅要自觉服从用人单位的安排，而且应当积极参加。需要特别说明的是，《劳动法》第六十一条和第六十三条分别作出规定，禁止对怀孕 7 个月以上和在哺乳未满 1 周岁的婴儿期间的女职工安排延长工作时间和夜班劳动。《劳动法》第五十一条规定："劳动者在法定休假日和婚丧假期间以及依法参加社会活动期间，用人单位应当依法支付工资。"

3.维护职工劳动安全卫生保护的权利

企业应按国家规定的安全技术标准向职工提供劳动和工作条件，采取必要的安全措施，避免工作场所和工作环境有可能产生的机械性外伤、触电、爆炸、火灾、坠落、塌陷等事故隐患；企业应遵守国家规定的劳动卫生法规，采取相关劳动防护措施，避免如生产工作场所粉尘超标、有毒有害物质危害职工身体健康，或有其他可能导致职业病发生的情况。《安全生产法》第六十条规定："工会有权对建设项目的安全设施与主体工程同时设计、同时施工、同时投入生产和使用进行监督，提出意见。工会对生产经营单位违反安全生产法律、法规，侵犯从业人员合法权益的行为，有权要求纠正；发现生产经营单位违章指挥、强令冒险作业或者发现事故隐患时，有权提出解决的建议，生产经营单位应当及时研究答复；发现危及从业人员生命安全的情况时，有权向生产经营单位建议组织从业人员撤离危险场所，生产经营单位必须立即作出处理。工会有权依法参加事故调查，向有关部门提出处理意见，并要求追究有关人员的责任。"

分工会必须组织职工对企业安全生产工作进行监督，也是企业工会依法开展的工作之一。分工会组织职工对企业安全生产工作进行监督主要通过以下几方面的工作。

（1）通过职工代表大会对安全生产工作进行监督，其主要内容是监督企业行政领导认真执行党和国家有关安全生产的法律、法令；监督企业行政领导实施职工代表大会有关安全生产的决议、决定和职工提案；监督分公司（厂）、车间（科室）干部的安全生产工作态度和工作作风等。

（2）通过组织群众安全生产工作队伍，对企业的安全生产工作进行监督。如建立分工会群众安全生产监督检查委员会，设群众安全生产监督检查员，通过开展各种行之有效的群众性的安全生产活动，来监督安全生产工作，促进安全生产工作。此外，也可以通过动员组织职工家属等社会力量对安全生产工作进行监督。还可以通过民主咨询会、民主评议会等方式对安全生产工作进行监督。

4.维护女职工的特殊权益

女职工的特殊权益是指女职工享受宪法及其他法律法规规定的公民、职工享有的权益，同时还享有国家对妇女规定的权益，包括女职工的政治权利、文化教育权益、劳动权益、财产和婚姻家庭权益以及人身权利。女职工特殊利益是指女职工除享受国家规定的妇女应享有的合法权益外，还享受国家针对女职工生理特点、体力状况、"四期"（经期、孕期、产期、哺乳期）的特殊情况等，对女职工在劳动过程中给予的特别保护，主要包括不得安排女职工从事禁忌劳动以及对女职工在"四期"的特殊劳动保护。女职工的特殊保护是由女性身体结构和生理机能的特点所决定的。重视和加强对女职工的特殊保护，不仅有利于女职工本人的身体健康，还关系着下一代的健康成长。分工会主席应加强对关于女职工特殊利益的法律法规的宣传贯彻，提高广大职工和用人单位知法用法的能力，这包括：按照《劳动法》《劳动合同法》《妇女权益保障法》《女职工劳动保护特别规定》《女职工禁忌劳动范围的规定》相关法律规定对女职工在经期、孕期、产期、哺乳期的健康等方面进行保护。如：监督协调用人单位对怀孕 7 个月以上（含 7 个月）的女职工和哺乳未满 1 周岁婴儿的女职工，不安排其延长工作时间或者夜班劳动；女职工生育享受不少于 98 天的产假；女职工在孕期、产期、哺乳期内，用人单位不得降低其工资、予以辞退、与其解除劳动或者聘用合同，不得安排女职工从事法律法规禁忌从事的劳动。用人单位如果违反了上述规定，侵犯了女职工的特殊权益，基层工会应当代表女职工向行政部门提出意见，或者与单位交涉，支持女职工依法投诉、举报、申诉。直至请求当地人民政府依法处理。

5.集体争议和群体性事件的应对策略

在我国，全国人民的总体利益同职工的具体利益在根本上是一致的，职工利益与企业的经济效益密切相关，是经济利益共同体。但企业与职工又有矛盾的一面，企业追求利润最大化，职工要求工资收入最大化，二者在价值取向上存在着矛盾，特别是在非公有制企业，这种矛盾更加突出。这些矛盾如果处理不当或不及时，就可能发生停工、怠工，甚至发展成为群体性事件，给企业甚至社会造成严重的影响。因此，企业发生停工、怠工事件后，分工会应及时向基层工会报告情况。反映职工的意见和要求，并代表职工同用人单位或有关方面协商，提出解决问题的意见，尽可能地满足职工的合理要求。同时也要注意维护企业的正当权益，加强与企业方的沟通协调，实事求是地看待企业面临的形势，客观地分析引起纠纷的原因及影响，对于职工提出的不合理的或企业一时难以做到的要求，应当积极做好职工的说服工作，劝导职工维护企业正常的生产工作秩序，协助企业恢复生产和工作秩序。

三、分工会组织如何有效维权

（一）建立预警机制，提前介入和协调解决

分工会组织要代表和维护职工的合法权益，首要的是要明晰职工享有哪些合法权益。根据《劳动法》第三条规定：劳动者享有平等就业和选择职业的权利、取得劳动报酬的权利、休息休假的权利、获得劳动安全卫生保护的权利、接受职业技能培训的权利、享受社会保险和福利的权利、提请劳动争议处理的权利以及法律规定的其他劳动权利。《安全生产法》专门对从业人员（即劳动者）的安全生产权益作出具体规定。《工会法》也从维护的角度明确了职工的合法权益。此外，一些相关法规和党委政府出台的政策规定也对职工的权益进行了明确。

对近年来发生的一些侵权案例进行分析表明，侵权行为主要表现在：职工民主权利得不到有效保障；未经法定程序裁减职工和处分职工；不落实劳动保护措施；欠薪或变相拖欠工资；提供职业技能培训不力等。分工会组织要履行好维护职工合法权益的职责，就要正视侵害职工合法权益的现象，有必要建立预警机制，制定维权工作预案，提前介入。要加大维权工作力度，定期对落实职工权益的情况进行监督、分析，对出现的侵权现

象及时协调处理，避免出现侵害程度恶化。对出现大量同类的侵权现象或群体性权益受侵害现象，及时启动预警机制和应对预案，着手调查分析，并及时同行政部门进行交涉、协调解决，尽可能将侵权现象解决在萌芽状态或初始阶段。

（二）充分运用法律武器，解决侵害职工合法权益的行为

经过多年的努力，有关保障劳动者合法权益的法律法规不断出台，已成为职工和工会组织维护合法权益不受侵害的利器。在维权工作中，分工会组织要充分运用好法律法规，规范开展维权工作。

根据《工会法》《劳动法》和《安全生产法》等法律规定，分工会组织应主要针对下列侵权行为进行维权：违反职工代表大会制度和其他民主管理制度，侵犯职工民主管理权利的；违反集体合同，侵犯职工劳动权益的；处分职工不适当的或企业单方面解除职工劳动合同违反法律、法规和有关合同的；违反劳动法律、法规规定，有克扣职工工资的、不提供劳动安全卫生条件的、随意延长劳动时间的、侵犯女职工和未成年工特殊权益的，以及其他严重侵犯职工劳动权益的；违章指挥、强令工人冒险作业，或者生产过程中存在明显重大事故隐患和职业危害，或危及职工生命安全的；违反《劳动合同法》侵害职工合法权益的行为；等等。同时对违反行政法规规定以及中央和地方党委政府文件的规定侵犯职工合法权益的行为，也属于工会维权范畴。

根据法律法规的规定，从工会维权工作实践来看，分工会组织的维权手段主要包括：督促落实职代会各项职权；分工会主席参加有关决策会议提出意见；建立并审议通过平等协商和集体合同制度；提出维权意见（包括要求重新研究处理、纠正等）；对法定事项落实情况（包括对单位遵守劳动法律法规情况等）进行监督检查；依法进行调查或参与调查等。同时对职工申请仲裁或者提起诉讼的，依法给予支持和帮助。

（三）建立保障职工合法权益不受侵犯的防范机制

做好维权工作，不仅要尽力解决好已发生的侵权问题，还要注重从源头上保障职工的合法权益不受侵犯，以减少各种侵权行为的发生。

一是推行厂务公开制度。厂务公开制度是一项从源头上保障职工合法

权益，促进企业发展的重要制度。通过推行以职工代表大会为主要形式的厂务公开制度，使本单位除涉及商业秘密事项小范围公开外，包括单位重大决策、涉及职工切身利益的事项等都要做到全面、及时公开，接受监督。分工会组织作为厂务公开的日常办事机构，要义不容辞地履行好职责，以此作为维权工作的强有力的武器。

二是建立平等协商和集体合同制度。分工会组织代表职工与行政方就落实职工工资福利、劳动保障等事项进行集体协商，制定集体合同草案，并提交单位职工代表大会进行审议通过。经政府劳动保障机关备案的集体合同约束单位和职工，保障职工合法权益不受侵犯，或在受到侵犯后依据集体合同与行政方交涉解决侵权问题。

三是在参与重大决策中维权。分工会主席在参与重大问题尤其是涉及职工切身利益事项研究中维护职工的合法权益；分工会主席及推选进入相关管理委员会的职工代表在参与决策中维护职工的合法权益。分工会组织还应依据法律法规赋予的职权对包括用人单位遵守劳动法律的情况等有关事项进行监督检查，维护职工合法权益；在参与诸如安全生产事故调查等相关工作中维护职工合法权益。

（四）强化协作，调动各方力量实现"大维权"

维权工作是项高难度的工作，虽说有法可依、有理可据，但仅凭工会之力是不够的。在维权工作中应倡导"大维权"，调动各方力量解决维权难的问题。强化保障职工合法权益意识。要通过政治理论教育和法治教育等途径，着力提高基层单位各级领导人员的依法管理意识，正确处理改革、发展、稳定的关系，从树立和落实以人为本、构建和谐社会的高度，保障职工的合法权益，调动职工的积极性和创造性，促进企事业单位的全面发展。

建立协商机制。要大力推行党组织、行政、工会三方联席会议和行政、工会联席会议制度，定期或不定期研究有关维权事宜，对一些已经工会初步调查核实的侵权问题进行协商，采取解决措施。健全劳动争议调解组织。要依法建立企业劳动争议调解委员会，受理职工同企业的劳动争议，依法进行调解。加强监督部门协作。通过与纪检监察、审计等部门的配合，坚决纠正和查处损害企业和职工权益的违法违纪行为，维护企业和职工的合法权益。

（五）正确处理维权工作中出现的问题

由于维权工作的复杂性，分工会组织在履行维护职工合法权益的法定职责中，必然面对诸多问题。如果处置不当，不仅不能有效解决问题，反而不利于问题的解决。当前维权工作中，要稳妥应对下列问题。

一是分工会组织维权角色定位。在维权工作中，分工会组织既要发挥其协调作用，扮演好调解的"中间人"角色，避免问题激化、复杂化；又要通过平等协商、谈判乃至支持职工申请仲裁、提起诉讼，做好职工合法权益的代表者和维护者角色。

二是职工维权要求的定性。在受理职工申诉时，要认真了解事情的来龙去脉，并做好记录。对一些相对复杂的问题，还应通过各种渠道进行初步了解，对一些疑难问题还应向有关专业人士进行咨询，以便对职工维权要求作出准确的定性。切忌把职工申诉等同于侵权。如果属于企事业单位对职工依正常程序作出的行政处分、岗位调整等，则应侧重于说明解释等，也可建议其向企业劳动争议调解委员会提出申请，由企业劳动争议调解委员会按相关程序进行处理；如果确属涉及侵权的，则应及时进行具体调查，并与行政交涉，以协商解决。对不属于工会组织职责范围内的申诉或举报则应负责地移送相关部门处理。

三是改革中职工利益的调整。对于改革中职工合法权益的调整，不能一概等同于侵权行为。分工会作为维权组织，主要是督促行政严格按程序办事，如涉及职工切身利益的事项须通过职代会审议通过；同时在研究有关改革措施、制订改革方案过程中要从保障职工合法权益的高度着手。只要改革有利于促进企业的发展，分工会组织就应多做职工的思想工作予以支持。对权益受到损害的职工，分工会组织也应从工作、生活上给予关心和帮助。对困难群体、弱势群体要采取有效措施提供力所能及的帮助，尽可能消化改革对困难群体、弱势群体生活的冲击。

（六）健全维权网络，推进维权工作规范化

越来越多的维权要求和维权工作新形势，对维权组织建设提出了更高

的要求，分工会急需在维权组织网络建立和维权工作制度化、规范化等方面加大工作力度。要根据《工会法》的要求建立好工会组织，实现工会组织全覆盖。同时，在工会组织内强化维权职能。在一些工作人员较多、维权要求量较大的分工会组织内可确定专人负责接待职工来信来电来访和协调处理涉及职工维权工作的具体事宜。提高工作人员素质。由于维权工作是项涉及面较广、工作难度较大的工作，要求分工会干部要具备较高的业务水平和工作能力，包括要熟悉劳动保障类法律法规和政策，具备较强的沟通协调能力，也包括谈判技巧等。这就要求工会干部不仅要接受相关的业务培训，也要求其主动自学相关的业务知识，以全面提高其履职能力。完善相关规章制度。要从实现维权工作制度化、规范化的角度，建立健全相关的职工申诉的受理、调查、协调、反馈等方面的制度，做到有章可循，规范处理。

第二节　分工会的经济技术创新工作

职工经济技术创新工作是分工会组织做出"新探索、新发展、新贡献"的热门话题。通过组织广大职工开展形式多样的劳动和技能竞赛、发明创造、提合理化建议等经济技术创新活动，必然会全面提升职工队伍素质，增强企业自主创新能力和核心竞争力，提高行业整体实力，从而团结动员广大职工为全面建成社会主义现代化强国建功立业。

一、开展经济技术创新活动应把握的五项原则

（一）群众性原则

实施经济技术创新活动要立足基层，立足岗位，把广大职工作为经济技术创新活动的实践主体，着力于调动广大职工的积极性，充分发挥他们的创造性，在本职工作内多搞创新；同时，要充分发挥科技人员、技术能

手和劳动模范的作用，处理好群专结合的关系，发挥各类技术人才的优势，形成合力，不断提高创新水平。

（二）实效性原则

经济技术创新活动的开展要紧密结合本单位、本部门的实际，紧紧抓住企业改革和发展的重点、难点和热点问题，有选择地开展企业所需、职工所需、工会可为的创新活动，做到与企业改革和发展的决策和目标相一致，不搞形式主义。

（三）效益性原则

经济技术创新活动的开展是要为企业的发展带来具体的、实实在在的效益，对企业的发展和经济效益的提高起到推动作用，要以效益的大小作为评价经济技术创新活动是否取得成效的重要指标之一。

（四）创新性原则

要坚持在继承中创新，在创新中发展，注意在经济技术创新活动的目标、领域、内容和形式等方面进行大胆探索和拓展，创造出更多更好的、有利于经济技术创新活动开展的有效形式和方法。

（五）激励性原则

要主动会同行政研究、建立和健全物质奖励和精神奖励相结合的激励机制。对于获得专利的创新成果，要依法保护职工的知识产权和合法权益；对于作出突出贡献的职工，可进行创新能手、创新成果、优秀建议等的评选和表彰，应授予相应的荣誉称号并给予一定的物质奖励，并为他们的学习深造创造条件。

二、分工会经济技术创新工作的内容

分工会主席抓动员组织职工开展经济技术创新工作的主要内容是：动员和组织分厂、车间（科室）职工开展劳动和技能竞赛，开展合理化建议活动等。

（一）开展劳动和技能竞赛

劳动和技能竞赛是旨在调动职工积极性，为促进某一生产任务完成而开展的竞赛活动，是社会主义制度下充分发挥劳动者的积极性、主动性和首创精神，进行经济建设的一个重要方法。开展社会主义劳动和技能竞赛，可以创造和推广新的生产技术和操作方法，发挥劳动者的积极性和创造性，对于提高劳动生产率，提高企业经济效益有巨大的推动作用。

1.分工会开展劳动和技能竞赛的程序

（1）制订竞赛方案。组织劳动和技能竞赛首先要确定目标、内容、条件、选择竞赛形式，在事先调查研究的基础上制订竞赛方案。

（2）宣传发动群众。要将竞赛方案交职工充分讨论，并利用各种宣传阵地，宣传竞赛的意义、目的和方法，做好思想动员，形成竞赛氛围，确保竞赛方案的顺利实施。

（3）在分公司本年度的职工代表大会上，通过实施方案，同时由分公司经理分别与各班组长签订劳动和技能竞赛协议书。

（4）要充分利用多种场合、手段，广泛深入地宣传劳动和技能竞赛的形式、内容、标准及奖励等情况，使参赛职工在提高认识的基础上，积极投入活动，圆满完成竞赛的各项规定内容。

（5）组织实施竞赛。在组织竞赛的过程中，做好竞赛数据的统计，不弄虚作假，及时公布竞赛的情况和成绩，增加透明度，使参赛者人人目标明确，积极参与。各单位按竞赛条款、有关标准和内容，对竞赛实行巡回指导、动态管理、专项自查，特别是对重要条款强化监督检查。对于上级提出的整改意见，要责成专人负责落实，并反馈相关信息。

（6）竞赛目标达到后，要认真进行总结、评比，推广先进经验，激励后进发展。

2.分工会劳动和技能竞赛工作的新思路

（1）围绕中心抓好策划，进一步夯实劳动和技能竞赛服务经济发展的基石。如何把广大职工的智慧和力量凝聚到企业经济发展这一主题上来，是一个值得探索的问题。抓劳动和技能竞赛活动的开展，紧贴服务经济发展这条主线不能变，但是只停留在过去抓劳动和技能竞赛就是组织几项技能赛事的做法又显得过于陈旧，不能与经济发展要求相适应。随着企业的经济转型，发挥劳动竞赛的活力和生命力，就是要不断拓宽劳动和技能竞赛领域，丰富劳动和技能竞赛内涵。

（2）立足基层抓好引导，进一步提升劳动和技能竞赛服务经济发展的实效。为了使劳动和技能竞赛贴近基层、贴近职工、符合实际，考虑到基层企业数量多，涉及的岗位技能种类多，以及企业间存在发展差异的诸多实际情况，在组织制定劳动和技能竞赛总体方案时，要把"实"字贯穿始终，要改变过去那种针对某一项工种，发动和组织所有企业参与，竞赛活动搞得轰轰烈烈又热热闹闹的做法。虽然这种传统做法确实也曾起到了服务企业发展和鼓励职工间比、学、赶、超的作用，但是如今再生搬硬套地采取老做法、老形式、老套路的竞赛模式，已远远不能适应经济发展的需要，难以使劳动竞赛得到有效推进，也不易得到职工的认同。

（3）注重过程抓好落实，进一步发挥劳动和技能竞赛服务经济发展的作用。劳动和技能竞赛是一项系统工程，整个过程涉及很多环节，在开展劳动和技能竞赛中，要特别注重过程管理，落实好每一个环节。在组织实施中要坚持做到"三到位"，即宣传到位、组织到位、奖励到位。首先要宣传到位。要在社会上营造浓厚的学技能、比技艺的竞赛氛围，引导全社会关注技能人才、尊重技能人才，使广大职工参与竞赛的主动性和自觉性进一步增强。其次要组织到位。要按照"多方配合、共同参与"的原则，联合各行业、部门共同开展劳动和技能竞赛、技能大比武，强化劳动和技能竞赛活动的效果。最后要奖励到位。有效的激励措施是搞好劳动和技能竞赛的最基本保证，也是竞赛的重要环节。在制定每一项竞赛方案时，要将竞赛奖励方式或奖励标准纳入其中，有效激发企业和职工参与竞赛的积极性。

3.劳动和技能竞赛工作的新定位

（1）要把开展劳动和技能竞赛活动与推动群众性科技创新结合起来。在劳动和技能竞赛中，要增强职工的开放创新意识，增强职工的责任感和使命感，尊重职工的首创精神，激发职工的聪明才智，围绕增强企业自主创新能力、提升技术水平、优化产品结构的目标，认真组织广大职工广泛开展技术革新、技术协作、发明创造、合理化建议等活动，鼓励职工参与技术创新、管理创新和机制创新，提高新材料、新技术、新设备、新工艺、新产品的开发和应用能力，为建设创新型企业打下坚实的基础。通过评选、推广职工科技创新成果，表彰职工技术创新人才，促进企业创新文化发展，扩大职工的科技创新影响，进一步推进新型工业化进程。

（2）要把开展劳动和技能竞赛活动与提升职工整体素质结合起来。工会是组织职工学文化、学技术的大学校。在劳动和技能竞赛中，工会组织要在培养知识型、技能型、复合型人才上下功夫，把提高职工技术技能素质、促进职工职业发展作为首要任务，开展多种形式岗位练兵、技能培训、技能比武等活动，为职工成长、成才搭建平台，提高职工市场竞争能力。通过劳动和技能竞赛活动的开展，在职工中掀起学技术、比技能、创一流的热潮，建设一支高素质的劳动大军。推动经济发展方式向依靠科技创新和提高劳动者素质转变。

（3）要把开展劳动和技能竞赛活动与节能减排结合起来。要按照建设资源节约型、环境友好型社会的要求，把资源节约、环境保护等理念贯穿于劳动和技能竞赛全过程，紧密结合本企业、本岗位实际，动员组织广大职工以节约、降耗、减排、增效为重点，广泛开展"我为节能减排献一计"合理化建议征集活动，充分发动广大职工围绕企业生产经营的每个环节，找漏洞，查原因，提出有针对性的意见和建议，通过开展"我为节能减排作贡献"等活动，引导职工增强节约意识、环保意识，积极改进工艺、设备，大力推广和努力掌握节能降耗、环境保护等方面的先进适用技术。

（4）要把开展劳动和技能竞赛活动与弘扬创先争优精神结合起来。创先争优是时代精神的生动展现，也是激励职工群众建功立业的精神动力，要通过激励广大职工多作贡献、争创一流、争当先进，把创先争优的成果体现到更好地推动发展上来。把劳动和技能竞赛活动与创建"工人先锋号"活动结合起来，与争当劳动模范活动结合起来，围绕"一流素质、一流工作、一流服务、一流业绩、一流团队"目标，深入开展创建"工人先锋号"活动，激励和鼓舞广大职工为推动经济转型升级，为经济发展建功立业。通过开展争当先进，大力弘扬劳模精神，进一步激发广大职工的主人翁责任感和使命感，营造创先争优的浓郁氛围，推动劳动和技能竞赛活动深入开展。

4.深入持久开展"五小"活动

小发明、小创造、小革新、小设计、小建议活动（以下简称"五小"活动）是分工会的一项传统工作，是"建功'十四五'、奋进新征程"主题劳动和技能竞赛的重要内容。要使"五小"活动在新时代展现新的生机和活力，推动劳动和技能竞赛广泛深入持久开展。

（1）总体要求。"五小"活动要以习近平新时代中国特色社会主义思想为指导，深入贯彻落实《新时期产业工人队伍建设改革方案》，按照全总关于广泛深入持久开展劳动和技能竞赛的工作要求，注重岗位创新，注重解决一线问题，注重增强创新能力，扩大覆盖面、提高参与度，使活动落实到基层、深入到一线，长期坚持下去、形成长效机制，进一步组织动员广大职工建功新时代。

（2）大力增强职工岗位创新能力

一是增强职工创新意识。职工是"五小"活动的参与者，是岗位创新的主力军。要引导职工充分认识技术创新的重要性，充分认识"改善改进也是创新"，树立"时时可创新、处处可创新、人人可创新"的理念。通过"工匠论坛""职工创新大讲堂"等形式，推广普及创新方法，激发职工创新潜能，动员职工立足岗位开展技术创新、管理创新和服务创新。

二是提升职工技能素质。要围绕提升职工技能水平和创新能力组织开展群众性、常态化的岗位练兵活动，注重线上线下相结合，引导职工在干中学、学中练。积极协助政府和企业推广现代学徒制和企业新型学徒制，采取"一带一""一带多""多带多"等多种形式促进师带徒活动创新发展，做好传帮带。广泛开展技能比武、技术培训等活动，强化实战化要求，让先进生产技术和先进操作方法为更多的职工所掌握。

三是营造良好创新氛围。大力弘扬劳模精神、劳动精神、工匠精神，注重从"五小"活动中发现、培养、选树劳动模范和工匠人才，特别是优秀技能人才和一线职工典型，宣传他们的先进事迹，推广他们的劳动技能、创新方法、管理经验，充分发挥其示范带头作用。把职工创新纳入企业创新体系，把"竞赛文化"融入企业文化和职工文化当中，鼓励创新，既要重视结果，也要重视过程，不断增强职工创新勇气，引导职工积极投身"五小"活动。

(3) 立足岗位开展"五小"活动

一是重视发现和解决岗位难点问题。要从发现问题入手，组织一线职工、立足一线岗位、解决一线问题。重点围绕提升产品、服务、工程质量和效益，改造落后的技术设备、不合理的工艺和过时的操作方法，推动节能降耗、污染防治、生态环境保护，促进劳动安全和职业健康，提升企业管理水平和服务水平等方面开展活动。

二是把合理化建议摆到突出位置。合理化建议活动是我国工人阶级的一个伟大创举，是职工发扬主人翁精神和发挥聪明才智的有效形式，也是职工参与企业管理、推动技术进步的重要途径。把合理化建议作为"五小"活动最基础最重要的环节，一方面要增强广泛性，提高合理化建议的参与率，组织广大职工积极参与；另一方面要增强实效性，提高合理化建议的质量，促进合理化建议的采纳和实施。

三是完善"五小"活动体系。进一步完善以岗位创新、班组（团队）创新、劳模和工匠人才（职工）创新工作室以及创新工作室联盟等为主要内容的"五小"活动体系，形成基础广泛、人才集聚、成果丰硕的良好局面。发挥职工技协的组织优势、人才优势和阵地优势，开展技术交流、技术协作、技术帮扶等活动，在"五小"活动中发挥骨干作用。

四是创新"五小"活动方式方法。按照建设"智慧工会"的要求，运用"互联网+"、移动客户端、大数据、云计算等现代化手段组织开展"五小"活动，促进活动在策划动员、组织实施、考核评选等各个环节的智能化，增强活动的先进性、便利性和趣味性。在活动中设置形式多样、职工喜闻乐见的比赛项目，设立创新看板等可视化载体，增加活动的"赛味"，更好地激发广大职工的积极性，使活动更具吸引力和感召力。

分公司工会要加强活动过程管理和考核评估，坚持问题导向和成果导向并重，定性与定量相结合，建立科学合理的评估指标体系，全面评价地方和企业活动效果。评估可通过自上而下评估、自查自评或第三方评估的方式进行，注重评估结果反馈和工作改进，并以此作为评先评优、推荐表彰的重要参考。建立健全项目预报、工作台账、督导通报等工作制度，强化活动过程管理、督导和考核。

（二）开展合理化建议活动

合理化建议，指有关改进和完善企业生产技术和经营管理方面的办法和措施。分工会组织积极开展合理化建议工作是挖掘职工潜能、发挥职工创造力、推进技术进步、促进企业发展的有效途径。合理化建议必须具有进步性、可行性和效益性。

1.合理化建议活动的内容

其主要内容如下。

（1）工业产品质量和工程质量的提高、产品结构的改进、生物品种的改良和发展、新产品的开发。

（2）更有效地利用和节约能源、原材料，以及利用自然条件。

（3）改良生产工艺和试验、检验方法，加强劳动保护、环境保护、安全技术、医疗、卫生技术、物资运输、储藏、养护技术以及设计、统计、计算机技术等方面的改进。

（4）工具、设备、仪器、装置的改进。

（5）科技成果的推广，企业现代化管理方法、手段的创新和应用，引进技术、进口设备的消化吸收和革新。

（6）在企业管理的组织、制度、方法和手段等方面提出带有改进、创新因素的办法和措施，经实施后对提高企业品牌、管理效能、经济效益或社会效益有明显作用和成效，包括：在管理理论、管理技术上有创见，对提高生产经营管理、科研、教学设计水平，提高经济效益和社会效益有指导作用；在管理组织、制度、机构等方面提出改革办法和改进方案，对提高工作效率和企业、事业单位的应变能力或服务能力有显著效果；应用国内外现代化管理技术和手段，取得经济效益或社会效益。随着改革的深入和经济的发展，合理化建议的内容和涉及的领域也在不断拓展和延伸。

2.合理化建议工作的程序

合理化建议活动开展的程序，可分为组织发动、申报评审、采纳实施、验收鉴定、奖励推广等五个阶段。

（1）组织发动。做好宣传和思想、形势教育，使职工明确主攻方向，了解企业发展近期目标、远景规划以及生产经营中的难点重点，便于征集职工建议时有的放矢。

（2）申报评审。凡提出合理化建议，须填写申报表，将建议理由、改进办法和措施、预期效果等填写清楚上报，本单位的合理化建议工作部门进行分类登记、立案并传送有关部门，由有关部门组织有关专业人员进行可行性分析和价值的论证。

（3）采纳实施。由企业合理化建议评审机构决定采纳与否，决定采纳的建议交由有关单位组织实施，或作为技术储备；对未采纳的建议要及时将理由反馈给建议者本人，说明原因，保护建议者的积极性。

（4）验收鉴定。对实施后的项目组织相关部门进行鉴定验收，作出成果的评议结论，确定其创造的价值。

（5）奖励推广。对验收鉴定确认取得效益的项目，经职能部门和财务部门认可后，提出奖励等级，根据建议者的贡献大小给予表彰奖励，凡经验收的合理化建议项目，应及时推广应用成果，有社会价值的成果，应进入技术市场，进行有偿转让。

3.分工会开展合理化活动的要求

（1）提供必要的人力、物力和资金支持。普通员工长期在生产第一线，对生产中的所有环节甚至细节都了如指掌，有着丰富的操作经验。他们摸索出的经验往往能解决生产实际中的大问题。而这些问题又恰恰是专业技术人员难以体会、难以看到又难以顾及的。因此，企业要对能采用的建议立即付诸实施，提供必要的人力、物力和资金支持，规范合理化建议活动立项、过程管理、奖励、推广等方面的工作，提高群众性合理化活动的针对性和实效性。对一时不能用的也要向员工耐心解释，做到善始善终，莫让员工的建议成为"空议"。

（2）规范合理化建议制度。分公司要建立合理化建议管理制度，对开展合理化建议活动制订周密的计划，并通过各种形式进行宣传动员。要建立合理化建议活动组织机构，制定合理化建议活动操作方法。在建立员工合理化建议档案、台账、报表等前提下，制定申报评审奖励等一系列相关制度，对活动实行动态管理，常抓不懈。

（3）提高合理化建议活动的有效性。一是每年集中组织开展一次合理化建议月活动。活动的主要目的是加强企业民主管理，动员广大干部员工积极参政、议政，收集技术创新方案、广泛征求干部员工对企业发展、管理、优质服务等工作的意见、建议。对合理化建议及时进行归类立项，并落实责任单位，对评选出的优秀建议和技术改进项目，给予表彰奖励。二是组织开展日常性合理化建议征集活动。设立合理化建议箱，实施日常征集。让员工参与企业的管理。工会对收集上来的建议分类整理，研究其可行性，经有关负责人确认后与实施部门签订实施合同书，并跟踪检查实施情况。三是开展专题合理化建议和"金点子"征集活动。从促进企业民主管理、提升企业管理水平的角度，提出研讨课题，引导和发动广大员工积极为企业的发展献计献策。把合理化建议列入等级管理考核范围，定期提出研讨课题，号召员工踊跃提出合理化建议项目，调动员工提出更多有针对性、有深度的合理化建议，为不断提升企业的经营管理出点子。四是论功行赏，及时兑现奖励。按国家有关规定，结合企业实际制定出切实可行的合理化建议奖励办法，并做到专款专用，及时按标准和档次足额兑现合理化建议奖。根据公正透明的评审结果，对给企业创造价值的合理化建议给予一定的物质奖励，对员工参与合理化建议活动给予充分的肯定。定期组织开展合理化建议表彰，对提供有价值、得到采纳并为企业创造出经济效益的员工进行表彰，对有突出贡献的员工授予荣誉称号。

（4）加强合理化建议成果的推广应用。分公司每年要组织对合理化建议活动立案项目进度检查，根据设立的合理化建议奖励标准，及时实施方方面面的合理化奖励，并对不能及时完成的立项项目责任人实施严格考核，对达不到进度要求的立案项目，工会尽可能全力解决或与有关方面沟通拿出具体意见，避免将矛盾上交。对立项的建议实施后因工作量大出现进度缓慢的情况，要及时征求员工意见，提出改进措施，保证项目顺利完成。合理化建议在评奖的同时，更应该把精力放在生产实践应用上去，甚至把奖励放在合理化建议应用取得效益之后进行，这样，建议是否真正合理，是否真正优秀，也就一目了然。加强对员工合理化建议的有效管理，是调动广大员工参与技术创新管理的重要举措，是推动企业持续发展不可或缺的重要因素，应该抓实抓牢抓好。

总之，分工会组织开展合理化建议活动，是发扬员工的主人翁精神，激发员工的工作热情，充分发挥员工潜能的有效活动载体，是企业在激烈的市场经济条件下生存、谋求更大发展的有效途径，也是企业员工展示自我、体现自身价值的舞台。企业应使员工牢固树立"我靠企业生存，企业靠我发展"的理念，通过开展合理化建议活动，群策群力破解生产经营中的各种难题，实现企业和员工的双赢。

（三）技能培训

1.企业内部开展技能培训的内容

（1）基础性培训。基础性培训内容包括应知培训和应会培训两个方面。应知培训的内容由三基知识、专业知识、外延知识三方面组成。三基知识指基本原理、基本知识、基本计算。基本原理是指实现各工序过程原理，相关信息、仪器、工具检测装置的工作原理（包括基本理论）。基本知识是指与专业相关的基本知识，包括物性知识、工艺知识、操作知识、安全知识等。基本计算是指本专业工艺过程（或工作过程）中所需的相关技术和工艺参数的运算、成本分析与计算。专业知识培训是一种综合运用三基知识的培训，在培训过程中，可根据技术标准中应会的代表性工作实例，进行专业性技术训练，以提高应对多变条件下的适应能力。外延知识培训，是在完成专业技能培训的基础上，帮助学员掌握与本专业相关学科知识的培训。

（2）技术等级培训。技术等级培训，是根据国家技术型职业（工种）的职业技能标准而进行的培训。

（3）适应性培训。适应性培训，主要是根据企业技术进步和设备更新的需要，随时进行短期培训，使职工掌握技术进步和新设备所需要的相应技术和技能。

2.企业内部开展技能培训的方式

除了技术等级培训要按照国家有关规定进行外，其他培训的方式比较灵活，可以采取轮训或专题培训等多种形式，每年设一个或多个培训专题，有计划、有步骤、有重点地对职工进行以关键生产工艺和重点专业知识为内容的强化培训。如：以"应知应会"为内容的滚动出题答卷培训，以全员工艺流程比赛、征集事故预想方案、现场单兵教练为内容的系列培训以及模拟特定场景的突发事故、特殊情况演练等专题的强化培训，使职工的理论水平和实际操作技能得到全面提高。

3.企业内部开展技能培训的相关要求

（1）要根据企业生产经营的实际需要和科研生产的关键、难点，采取多种形式，最大限度吸引职工参加，并及时调整培训重点，不断更新培训内容，紧紧跟踪和反映企业技术进步的要求，不断改善培训方式和教学方法。

（2）要突出技能培训的实用性和实效性。要根据职工发展的需要，力求使职工掌握多种技能，不断提高广大职工适应职业变化的能力，促进职工向知识技能型、技术技能型、复合技能型发展。

（3）要注重有效利用各种培训资源。充分利用工会干校、工人文化宫、职工大学、职工学校、职业技术学校等各种教育培训资源，并与社会力量联合培训，扩大培训规模，提高培训质量。

（4）要充分发挥职工技术协会的作用，利用技术协会的组织、人才和阵地优势，在实施国家高技能人才培训工程和技能振兴行动中发挥其作用，建立职工技能实训基地，培养高技能人才，并推动培训和职业资格认证一体化。

（四）创建"工人先锋号"活动

深入开展创建"工人先锋号"活动，是推进"建功'十四五'奋斗新征程"竞赛活动的重要抓手，是依靠主力军、建设主力军、发展主力军的重要举措。分工会组织要充分认识开展创建"工人先锋号"活动的重要意义，组织引导广大职工积极投身到创建活动中来，通过创建活动激励职工立足本职、勤奋工作、学赶先进、争创一流，充分展示工人阶级在推进经济社会发展中的主力军作用和主人翁风采。

1.创建"工人先锋号"活动的总体要求

创建"工人先锋号"活动的总体要求是：以依靠主力军、建设主力军、发展主力军为目标，以发展先进生产力、促进社会进步、服务人民群众为重点，以创一流工作、一流服务、一流业绩、一流团队为内容，以发挥榜样激励作用、争创先进团队为途径，使"工人先锋号"成为引领职工发扬工人阶级优良传统，发挥工人阶级主力军作用，推动社会主义和谐社会建设的旗帜；成为引导职工立足本职、爱岗敬业，刻苦学习、忘我工作，不断进取、甘于奉献的载体；成为全国统一、长期坚持、职工认可、影响广泛的劳动竞赛活动品牌。

2.创建"工人先锋号"活动的具体要求

创建"工人先锋号"活动是打造工会工作品牌的一项重大活动，需要全会上下齐心协力共同推进。

（1）加强领导，落实责任。要将创建活动列入重要议事日程，思想上高度重视，组织上加强领导，工作上落实责任，在提升创建水平、打造工会品牌上狠下功夫，不断扩大"工人先锋号"的效果和影响。要按照讲求实效、科学指导的要求，坚持在继承中创新、在创新中发展。要采取有效措施，加大工作力度，坚持以点带面、整体推进，使创建活动全方位、多领域、深入扎实地开展。

（2）精心组织，积极推进。要结合企业的实际，掀起创建"工人先锋号"活动的高潮。要精心制定创建方案，认真落实创建规划，有计划、有步骤地全面推进创建活动。要拓宽创建领域，深化创建内容，创新创建方式，增强创建效果。要深入基层，加强调查研究和分类指导，善于发现典型，及时总结推广先进经验。

（3）坚持条件、层层推荐。要按照"工人先锋号"的条件和申报程序，认真做好推荐申报工作，严格审核把关，不搞平衡照顾。要完善考核和激励机制，加强检查指导，不断提升"工人先锋号"的质量和水平。

（4）广泛宣传、扩大影响。创建"工人先锋号"活动，重在创建过程、重在群众评价、重在保持荣誉、重在社会影响。要把选拔"工人先锋号"的过程，作为学习宣传"工人先锋号"，激励广大职工为现代化建设做贡献的过程，从而吸引更多的职工积极投入创建活动中来。要通过各种媒体对创建活动进行集中宣传报道，以形成浓厚的创建氛围。

3."工人先锋号"的授予对象和基本条件

"工人先锋号"的授予对象是：全国各类企事业单位中为推动经济社会发展做出突出贡献，并具有时代性、先进性和示范性的车间、工段、班组。

"工人先锋号"的基本条件如下。

（1）坚持以科学理论为指导，认真执行党的路线方针政策，自觉遵守国家法律法规和各项规章制度，注重加强思想作风和业务素质建设，有强烈的主人翁责任意识、良好的职业道德和较高的技能水平。

（2）坚持与时俱进、开拓创新，工作深入扎实，管理科学民主，牢固树立技术创新意识和节能环保意识，积极总结推广先进经验，工作效率、管理水平和创新能力居同行业领先水平。

（3）坚持文明、优质、诚信的服务理念，积极开展服务创新，不断提高服务质量，努力为客户提供热情周到、规范满意的服务，社会满意度和公众认可度高，服务技能和服务质量居同行业领先水平。

（4）坚持开展各种争先创优活动，工作成绩突出，经济效益和社会效益显著，无人身伤亡和重大质量、设备事故，在发展先进生产力、促进社会进步、服务人民群众等方面做出了积极贡献。

（5）坚持以人为本、科学发展，具有积极进取、奋勇争先，团结协作、和谐共进的团队精神，职工积极性充分发挥，团队凝聚力强、影响力大、职工信赖、公众认可。

三、深入开展经济技术创新活动

分工会要加强"五个机制"建设，推进经济技术创新活动深入开展。

（一）建立引导机制

分工会要在实施经济技术创新工程中发挥应有的作用，推动经济技术创新迈上新台阶，就要加大群众性经济技术创新的舆论宣传，营造尊重劳动、尊重知识、尊重人才、尊重创造的氛围。实施经济技术创新工程,首要任务就是要组织引导职工广泛参与。要层层发动,利用文件、会议、视频、简报、宣传栏、橱窗、互联网等多种媒体,广泛宣传开展创新活动的重要意义,引导职工克服畏难情绪,树立人人都能创新、人人都会创新的理念。在企业内部,自主发明创造是创新,技术干部应用新技术、新工艺、新材料是创新,一线工人对岗位操作技术的改进和完善是创新。要努力打破应用技术创新的神秘感,让职工人人都想创新,人人都敢创新。通过政策引导、典型引路、表彰奖励等形式让职工步入创新境界,增强创新活动的群众性。

(二) 建立管理机制

群众性经济技术创新活动是一项长期、艰巨、复杂的系统工程,同时也是一项必须以一套科学的管理机制作保证,才能保障群众性经济技术创新活动有章可循、有据可依、规范运作。要按照企业创新体系要求,建立起党委领导、行政挂帅、工会主抓、团委配合的工作格局,健全相关工作制度,形成管理有系统、制度有保证、激励有政策的运作局面。分工会要加强对群众性经济技术创新活动的指导,建立各级经济技术创新活动组织网络;要针对企业生产经营中的热点、难点、重点问题,制订群众性经济技术创新活动计划,明确创新的任务目标,做到创新任务有领导抓,创新活动有部门管,创新工作有专人做。

(三) 建立培训机制

实施经济技术创新活动,关键在于职工现有的科学文化水平、技术素质和创新能力的培养,职工队伍素质的高低决定着活动的质量和水平。分工会要把培养有知识、懂管理、会创造的新型劳动者队伍作为群众性经济技术创新活动的目标,以"创争"活动为契机,积极开展职工读书自学活动,提高广大职工的学习动力、学习毅力和学习能力,使职工不断掌握新知识,储备新技能,为实施群众性经济技术创新活动提供智力支持和素质保证。要按照分层次、分类别、分比例的方法,开展以技师为目标、以技能上等级为要求,对职工进行多层次、多工种、多学科的技术培训。通过多种技能的综合性培训,使每个职工成为做"精一门、会两门、学三门"

的复合型、技能型人才，从而造就一支水平高、观念新、技能精、业绩佳的新型劳动者大军。企业要加大资金投入，建立健全培训制度，制订长、中、短期培训计划，形成培训制度化、长期化和规范化。

（四）建立评价机制

群众性经济技术创新成果的评价，是衡量职工创新成果的手段，也是对成果进行奖励的依据。职工创新工作的开展和成果的评审，要设立专门的组织评审机构，由领导小组组长、副组长、科技人员、有关专家和相关部门组成，制定经济创新成果评审细则，实行分类指导、条块结合、整体推进的组织管理机制，使创新成果的评审公平公正公开，科学规范。要开展创新成果展示活动，创新成果是职工劳动的结晶，也是创新能力的展示，用职工自己创造的成果来鼓舞全体职工，可以激发职工发明创造、技术革新的积极性，从而创造出更多新的优秀成果。

（五）建立激励机制

激励就是根据人的需要，利用某些外部诱因作为目标，来激发人的动机，使人产生一种积极活跃的心理状态，以推动人的积极性和创造性行为的产生。开展群众性经济技术创新工作，要根据不同职工的需求情况，建立起劳动成果和劳动贡献与物质奖励和精神奖励相统一的激励机制，使职工有一种劳动成果被认可的成就感，不断激发职工的创新热情和积极性。要建立完善物质奖励与精神奖励并重，晋级升级与利益挂钩并举，成果推广与社会宣传共济，创新实践与理论深造结合的激励体系。在物质奖励方面，企业可设立专项创新奖励基金或采取直接与工资挂钩等形式，对取得创新成果的职工按其创造的效益给予物质、升职晋级奖励。在精神奖励方面，可采取大会表彰、颁发荣誉证书、张榜公布，或用职工的名字来命名技术创新成果。除此之外，还可以采取进修、深造、参加培训、优先入党入团等形式给予奖励，使职工在创新活动中尝到甜头，体会到创新的实惠与快乐。同时要把这些奖励办法形成制度化、规范化，建立一种长效的激励机制，以促进职工经济技术创新活动的深入持续开展。

总之，经济技术创新是企业的生命，一个企业要保持自己的生命力，就要投入经济技术创新工程中去。分工会要充分发挥群众组织的作用和教育职能，不断给职工输入新知识、新思想、新观念，教育和动员职工积极参与经济技术创新活动，坚持在实践中不断创新，在创新中不断发展，使分工会群众性经济技术创新在提升企业发展能力、提升企业管理水平、经济效益增长点方面发挥出更大的作用，为企业创造出更大的经济效益。

第三节　分工会的职工民主管理工作

党的二十大报告指出，全心全意依靠工人阶级，健全以职工代表大会为基本形式的企事业单位民主管理制度，维护职工合法权益。中国工会十八大报告要求，把企事业单位民主管理作为发展全过程人民民主的重要形式，努力推动以职工代表大会为基本形式的企事业单位民主管理制度落地落实。民主管理是现代企业的一种充满生命力的管理方式，是广大职工群众大智慧的结合，是企事业单位前进的方向，是企事业单位发展的动力源泉，是企事业单位竞争的核心力量的重要组成部分。分工会是民主管理的组织者，在加强职工民主管理和维护职工的合法权益、促进社会稳定、构建社会主义和谐社会中发挥着重要的作用。

一、职工民主管理的内涵

职工民主管理，是指机关、企（事）业单位的职工依照法律或制度并通过一定的组织形式，参与本单位内部事务的管理，行使职工民主权利的活动。

坚持职工民主管理制度是由党和国家的性质决定的，是坚持走中国特色社会主义工会发展道路的重要体现。我们党是工人阶级政党，我们国家是工人阶级领导的劳动人民当家作主的社会主义国家，让工人阶级和广大人民群众充分享有管理国家政治、经济、文化和社会事务的权利，是中国共产党代表工人阶级和广大人民群众根本利益的具体体现，也是社会主义制度的本质属性和根本要求。

当前，坚持和全面推行以职代会为基本形式的职工民主管理制度，是坚持走中国特色社会主义工会发展道路的重要实践；是维护职工合法权益、竭诚服务职工群众的迫切需要；是建设社会主义政治文明的重要内容。同时，坚持职工民主管理制度适应了国际企业管理的方向，是企业管理的客观规律。在发展社会主义市场经济的今天，以职代会为基本形式的职工民主管理制度不仅没有过时，而且还会有更大的发展，这是企业管理的客观规律，是时代发展的必然，更是社会主义根本制度所决定的。必须从长远和战略全局的高度充分认识实行这一制度的重要意义，在实际工作中积极帮助、支持在各类企业中建立健全职代会制度，在推动落实工人阶级当家作主民主权利、促进企业健康发展、构建和谐社会中充分发挥职工民主管理职代会制度的重要作用。

二、职工代表大会制度

（一）职工代表大会的性质及特征

1.职工代表大会制度的性质

我国《企业民主管理规定》第三条对职工代表大会的性质作了如下表述："职工代表大会（或职工大会，下同）是职工行使民主管理权力的机构，是企业民主管理的基本形式。"第二十二条规定，"企业工会委员会是职工代表大会的工作机构"。以上规定清楚地表明了企业职工代表大会的性质。表述的前半部分是对职工代表大会的本质描述，而后半部分则是对职工代表大会组织形态的描述。表明职工代表大会是行使民主权利的机构。这种行使权力，是依法开展活动，是职工代表运用协商、咨询、共同参与等方式作出决定。主要表现在审议企业重大决策、监督行政领导和维护职工合法权益等方面的权力，是特定的民主管理权力。

2.职工代表大会制度的特征

职工代表大会制度是我国企业民主管理的基本形式，是职工在单位内部行使民主管理权力的代表机构。职代会制度具有三个典型的特征，其一为民主性，其二为权威性，其三为科学性。民主性，是指职工代表大会的基本构成是职工代表，而职工代表由本单位职工民主选举产生，广泛代表各个方面的利益和诉求。权威性，是指法律赋予了职工参与本单位民主管理的权力，法律同时规定了职代会代表职工行使民主管理权力的机构，职代会做出的一切决议都具有相应的法定权威性，对企业管理者有着一定的强制力和约束力。科学性，是指职代会有完整的组织制度和工作流程。职代会遵循民主集中制原则，少数服从多数，大会必须由 2/3 以上职工代表出席方为有效，决议必须由一半以上全体职工代表同意才可通过。从而保证职代会所讨论的议题，做出的决定，都能始终体现大多数职工的意愿和诉求。

（二）职工代表大会组织制度

根据《企业民主管理规定》及相关法律法规的规定，职工代表大会的组织制度如下。

1.企业可以根据职工人数确定召开职工代表大会或者职工大会。职工不满 100 人的企业一般召开职工大会；企业召开职工代表大会的，职工代表人数按照不少于全体职工人数的 5% 确定，最少不少于 30 人。职工代表人数超过 100 人的，超出的代表人数可以由企业与工会协商确定。

2.职工代表大会的代表由工人、技术人员、管理人员、企业领导人员和其他方面的职工组成。其中，企业中层以上管理人员和领导人员一般不得超过职工代表总人数的 20%。有女职工和劳务派遣职工的企业，职工代表中应当有适当比例的女职工和劳务派遣职工代表。

3.职工代表大会每届任期为 3 年至 5 年。具体任期由职工代表大会根据本单位的实际情况确定。职工代表大会因故需要提前或者延期换届的，应当由职工代表大会或者其授权的机构决定。

4.职工代表大会根据需要，可以设立若干专门委员会（小组），负责办理职工代表大会交办的事项。专门委员会（小组）成员人选必须经职工代表大会审议通过。

5.职工代表按照基层选举单位组成代表团（组），并推选团（组）长。可以设立职工代表大会团（组）长和专门委员会（小组）负责人联席会议，根据职代表大会授权，在职工代表大会闭会期间负责处理临时需要解决的重要问题，并提请下一次职工代表大会确认。联席会议由企业工会负责召集，联席会议可以根据会议内容邀请企业领导人员或其他有关人员参加。

（三）职工代表大会工作制度

根据《企业民主管理规定》及相关法律法规的规定，职工代表大会的工作制度如下。

1.职工代表大会每年至少召开一次。职工代表大会全体会议必须有2/3以上的职工代表出席。

2.职工代表大会议题和议案应当由企业工会听取职工意见后与企业协商确定，并在会议召开七日前以书面形式送达职工代表。

3.职工代表大会可以设主席团主持会议。主席团成员由企业工会与职工代表大会各团（组）协商提出候选人名单，经职工代表大会预备会议表决通过。其中，工人、技术人员、管理人员不少于50%。

4.职工代表大会选举和表决相关事项，必须按照少数服从多数的原则，经全体职工代表的过半数通过。对重要事项的表决，应当采用无记名投票的方式分项表决。

5.职工代表大会在其职权范围内依法审议通过的决议和事项具有约束力，非经职工代表大会同意不得变更或撤销。企业应当提请职工代表大会审议、通过、决定的事项，未按照法定程序审议、通过或者决定的无效。

6.企业工会委员会是职工代表大会的工作机构，负责职工代表大会的日常工作，履行下列职责：（1）提出职工代表大会代表选举方案，组织职工选举职工代表和代表团（组）长；（2）征集职工代表提案，提出职工代表大会议题的建议；（3）负责职工代表大会会议的筹备和组织工作，提出职工代表大会的议程建议；（4）提出职工代表大会主席团组成方案和组成人员建议名单；提出专门委员会（小组）的设立方案和组成人员建议名单；（5）向职工代表大会报告职工代表大会决议的执行情况和职工代表大会提案的办理情况、厂务公开的实行情况等；（6）在职工代表大会闭会期间，负责组织专门委员会（小组）和职工代表就企业职工代表大会决议的执行情况和职工代表大会提案的办理情况、厂务公开的实行情况等，开展巡视、检查、质询等监督活动；（7）受理职工代表的申诉和建议，维护职工代表的合法权益；（8）向职工进行民主管理的宣传教育，组织职工代表开展学习和培训，提高职工代表素质；（9）建立和管理职工代表大会工作档案。

（四）职工代表大会职权

《企业民主管理规定》明确了职工代表大会行使的职权：

（1）听取企业主要负责人关于企业发展规划、年度生产经营管理情况，企业改革和制定重要规章制度情况，企业用工、劳动合同和集体合同签订履行情况，企业安全生产情况，企业缴纳社会保险费和住房公积金情况等报告，提出意见和建议；审议企业制定、修改或者决定的有关劳动报酬、工作时间、休息休假、劳动安全卫生、保险福利、职工培训、劳动纪律以及劳动定额管理等直接涉及劳动者切身利益的规章制度或者重大事项方案，提出意见和建议；

（2）审议通过集体合同草案，按照国家有关规定提取的职工福利基金使用方案、住房公积金和社会保险费缴纳比例和时间的调整方案，劳动模范的推荐人选等重大事项；

（3）选举或者罢免职工董事、职工监事，选举依法进入破产程序企业的债权人会议和债权人委员会中的职工代表，根据授权推荐或者选举企业经营管理人员；

（4）审查监督企业执行劳动法律法规和劳动规章制度情况，民主评议企业领导人员，并提出奖惩建议；

（5）法律法规规定的其他职权。

国有企业和国有控股企业职工代表大会除按上述规定行使职权外，还行使的职权有：

（1）听取和审议企业经营管理主要负责人关于企业投资和重大技术改造、财务预决算、企业业务招待费使用等情况的报告，专业技术职称的评聘、企业公积金的使用、企业的改制等方案，并提出意见和建议；

（2）审议通过企业合并、分立、改制、解散、破产实施方案中职工的裁减、分流和安置方案；

（3）依照法律、行政法规、行政规章规定的其他职权。

集团企业的总部机关和各分公司、分厂、车间以及其他分支机构可以按照一定比例选举产生职工代表，召开集团企业职工代表大会，实行企业民主管理。集团企业的总部机关和各分公司、分厂、车间以及其他分支机构，按照本规定建立职工代表大会制度，在各自的职权范围内分别开展民主管理活动。

（五）职工代表的产生和权利义务

1.职工代表的选举

与企业签订劳动合同建立劳动关系以及与企业存在事实劳动关系的职工，有选举和被选举为职工代表大会代表的权利。依法终止或者解除劳动关系的职工代表，其代表资格自行终止。职工代表应当以班组、工段、车间、科室等为基本选举单位由职工直接选举产生。规模较大、管理层次较多的企业的职工代表，可以由下一级职工代表大会代表选举产生。选举、罢免职工代表，应当召开选举单位全体职工会议，会议应有2/3以上职工参加。选举、罢免职工代表的决定，应经全体职工的过半数通过方为有效。职工代表实行常任制，任期与职工代表大会届期一致，可以连选连任。职工代表出现缺额时，原选举单位应按规定的条件和程序及时补选。职工代表向选举单位的职工负责并报告工作，接受选举单位职工的监督。

2.职工代表的权利和义务

职工代表享有下列权利：（1）选举权、被选举权和表决权；（2）参加职工代表大会及其工作机构组织的民主管理活动；（3）对企业领导人员进行评议和质询；（4）在职工代表大会闭会期间对企业执行职工代表大会决议情况进行监督、检查。

职工代表应当履行下列义务：（1）遵守法律法规、企业规章制度，提高自身素质，积极参与企业民主管理；（2）依法履行职工代表职责，听取职工对企业生产经营管理等方面的意见和建议，以及涉及职工切身利益问题的意见和要求，并客观真实地向企业反映；（3）参加企业职工代表大会组织的各项活动，执行职工代表大会通过的决议，完成职工代表大会交办的工作；（4）向选举单位的职工报告参加职工代表大会活动和履行职责情况，接受职工的评议和监督；（5）保守企业的商业秘密和与知识产权相关的保密事项。

3.职工代表的保护

职工代表履行职责受法律保护，任何组织和个人不得阻挠和打击报复。职工代表在法定工作时间内依法参加职工代表大会及其组织的各项活动，企业应当正常支付劳动报酬，不得降低其工资和其他福利待遇。

（六）职工代表大会召开的一般程序

1.筹备工作

（1）建立筹备机构：①组织领导：召开职代会（或工会换届）前要成立筹备领导小组，在同级党组织领导下，具体负责筹备工作，重大问题经工会和联席会议集体讨论决定，并报同级党组织审批；②工作小组：根据工作需要，领导小组可下设若干工作小组，如代表资格审查组、组织秘书组、宣传会务组等，负责大会事务工作。

（2）制订工作方案：①明确大会筹备工作的主要领导成员、大会设立的专门工作机构及其组成人员和工作职能；②确定大会的主要任务，如大会指导思想、大会的主要议题、需大会审议的文件和提案、选举产生专门工作委员会等；③确定大会代表和条件、构成及产生程序；④确定领导机构的配置和推选、选举办法；⑤拟定大会召开日期及会期日程安排；⑥预算大会经费。

（3）呈报会议安排：①向同级党委和基层工会呈报关于本次职代会安排的请示。请示内容主要包括：大会代表的产生和比例、大会的时间安排、组织机构、职代会专门工作小组的设置、选举方法；会议时间及费用。②同级党组织和基层工会对呈报大会安排请示的批复。批复内容主要包括：对会议时间安排、代表名额构成原则及比例等意见。③根据批复精神作出本次大会的安排意见。安排意见主要包括：职工代表大会的组织领导、代表的比例构成、大会的主要议题、大会时间安排及其他具体要求。

（4）营造大会氛围：可编写、张贴和悬挂一些相关标语口号，在职工中营造职工代表大会的良好氛围；也可及时编写一些以大会安排意见为基准的宣传提纲，在职工群众中广泛进行宣传教育。

（5）大会材料准备：①大会文件材料：职工代表大会各项准备工作就绪后，工会应发出会议通知文件，内容主要包括：大会召开的时间、地点和会期通知；大会中心议题；大会议程安排；大会要求。②大会相关材料：主要有行政工作报告、集体合同草案或集体合同执行情况报告；工资协议草案；提案审议落实情况报告；党组织领导讲话；民主评议管理人员情况报告；关于表彰优秀员工的通报；选举办法、选票等；大会决议、决定。

（6）准备会务工作：①划分代表组：一般以班组为一个小组，总的原则是便于讨论，利于活动。②产生代表组组长：各代表小组组长可由所在小组成员推荐产生。③会议证件制作：为适应大会组织工作的需要，可制作分别示明主席团成员、职工代表、列席代表、特邀代表、工作人员等与会人员身份的证卡或佩条。

2.提案征集

（1）提案定义：指提请职工代表大会讨论、决定、处理的方案和建议。提案由职工代表或职工群众提出，经职代会提案审查小组审查立案后，方能确定为职工代表大会的提案。

（2）提案内容：主要涉及企业生产管理、企业改革、内部分配、规章制度、劳动保护和生活福利等方面，需要职工代表大会立案处理的问题。提案格式应包括提案的理由、依据、具体要求和解决办法，并由提案人和附议人署名。

（3）提案程序：①召开职工代表大会前，由分工会或提案审查小组发出征集提案通知，发放提案征集表；②职工代表在听取和收集职工意见的基础上填写提案表；③各代表组收集提案并送交分工会或提案审查小组；④分工会或提案审查小组对提案进行审查，对不够条件立案的要退回提案人并作说明；⑤分工会或提案审查小组对提案进行分类登记，分送分公司行政主要领导或有关部门进行处理和实施，重大问题的提案应提交职代会讨论，因条件不具备而不能落实的提案，要向提案人说明情况；⑥分工会或提案审查小组对提案的落实情况进行检查和督促，并在下次职代会上报告提案的处理及落实情况。

3.预先公布议题

（1）议题定义：指列入职工代表大会议程，提交职工代表大会讨论审议的问题。

（2）议题内容：针对企业生产发展和经营管理活动以及职工生活福利等方面的重大问题确定中心议题，议题内容应包括所要审议的问题的要点、依据和实施议题的方法和步骤。

（3）议题程序：①分工会在会前广泛征求职工代表和职工群众各方意见，了解当前企业生产经营中存在的主要问题和职工群众迫切要求解决的重大问题；②分工会与经营者进行协商，并提请党组织讨论，形成议题初步意见；③召开职工代表组组长和专门小组负责人联席会议进行讨论，征求意见；④分工会将议题提前一周上报基层工会预审，基层工会在两个工作日内予以答复，提出明确的预审意见；⑤由分工会向职工代表大会预备会提出议案预审建议，并由预备会审议通过。企业遇到重大事项时，经行政主要领导、分工会或1/3以上职工代表提议，可就此作为议题召开临时会议。

4.召开预备会议

（1）召开预备会议：①预备会议内容：通过代表资格审查报告、通过大会主席团名单和秘书长名单、通过大会议程以及其他需要确认的事项。②预备会议程序：职工代表大会的组织领导机构是大会主席团。由于召开预备会议时，大会主席团尚未产生，因此，预备会由分工会主持。主持人通常是分工会主席或拟担任大会秘书长的同志。预备会一般应有以下议程：清点到会人数。主持人向大会报告应参加大会和实际参加大会的人数。待确认到会人数符合法定人数后，即可开会。③会议主要议程：报告职工代表大会筹备情况；审议通过代表资格审查报告；通过职工代表大会主席团名单和大会秘书长名单；通过职工代表大会议程和日程安排。预备会在通过上述议程后可暂时休会，召开职工代表大会主席团第一次全体会议；通过各次全体会议执行主席名单；通过副秘书长名单。主席团第一次全体会议结束后，预备会复会，宣布主席团第一次全体会议通过的有关事项。

（2）大会组织领导：①大会主席团：职工代表大会主席团是负责职工代表大会期间的组织领导工作机构，在职工代表大会预备会议上由全体职工代表选举产生。②大会秘书长：秘书长是大会期间日常工作的组织者。其主要职责有：主持召开第一次主席团全体会议；处理主席团日常事务；在主席团领导下，负责处理大会期间的事务性工作；领导大会秘书处，签发会议各种文件。秘书长由分工会和联席会议在代表中提名，经代表讨论后，在大会预备会上表决通过。一般由分工会副主席担任。根据工作需要，可设副秘书长1~2名，协助秘书长工作。

5.召开正式会议

（1）开幕会：①清点到会代表人数，并作出说明（应到多少，实到多少，是否符合法定人数，能否开会等）；②宣布职工代表大会开幕，全体起立唱《国歌》；③宣读上级工会的有关批复（换届会议）；④致开幕词：简要介绍本次大会的目的、意义、中心议题和主要任务。

（2）大会程序：①分公司（厂）、车间（科室）主要负责人做工作报告：主要内容应包括企业生产经营管理情况、存在问题及改进措施；企、事业有关发展规划、重大决策、经营状况和年度生产经营计划完成情况；职工养老保险金和失业保险金缴纳情况。②集体合同和提案处理专题报告：由分工会主席及职代会专门小组负责人对上年度集体合同履行情况的检查，本年度集体协商和集体合同有关条款修订的情况；上次职工代表大会职工代表提案落实和处理的情况等向大会作出报告。③行政有关负责人做专门议案报告：凡应提交职代会审查和审议的议题（如：财务预决算报告、社会保障费用缴纳情况报告），均应由行政有关负责人向大会报告，说明制定的依据、目的和具体实施办法；也可针对职工代表对议案的意见作出说明。④联席会议情况说明：分工会主席就上一次职代会闭幕期间，职工代表组组长和专门小组负责人联席会议所决定的职代会职权范围内的问题，向大会作出说明，提请大会确认，报告。⑤代表组讨论：各职工代表组就以上报告、说明、议案等分组进行讨论；对大会的各项决议草案、需经大会选举的候选人进行酝酿；大会主席团成员分别参加本代表组的讨论；职工代表的讨论发言，经整理归纳后，将讨论意见向大会主席团汇报。⑥大会发言：由各代表组组长推荐代表，在大会陈述本组讨论审议的意见和建议，也可让职工代表进行书面发言。

（3）大会选举：根据大会规定议程，进行有关人员的选举（撤换）。①应由职代会选举产生的人员：职工董事、职工监事；集体协商、集体合同和工资集体协商的协商代表；职工代表大会专门小组人选。其他需要经职代会选举的人员。②选举要求：在选举中应严格按程序进行，选举投票结束，代表不能离开会场，应等待计票人员结束，由大会宣布选举结果后才能离开；若第一次选举无效，应用预备选票重新选举，直至选举有效，并宣布结果后散会；选举应采取无记名投票并实行差额选举。

（4）讨论通过大会决议：召开主席团、代表组组长会议。听取各代表组讨论情况，审议有关决议，起草研究大会总结。

（5）闭幕会：职工代表大会的主要议程完成之后，所举行的最后一次全体会议即闭幕会。主要议程如下：①报告参加会议的代表人数。到会代表应超过应到会人数的2/3，可以举行会议。②宣布大会议程。③年度职代会：宣布新当选的职工董事、职工监事；集体协商、集体合同和工资集体协商的协商代表；职工代表大会专门小组人选。其他经职代会选举的人员。④逐项表决需通过的有关决议和决定。⑤表彰及奖励。⑥领导讲话。⑦致闭幕词。⑧全体起立：唱《国际歌》。⑨大会执行主席宣布大会闭幕。

（6）闭会后工作：①宣传大会决议，动员职工执行职工代表大会决议，督促决议的落实和提案的处理；②建立与职工代表的联系制度，受理职工代表的申诉和提案，维护职工代表的合法权益；③组织职工代表、民主管理专门小组（委员会）开展提案活动、巡视检查、质量评估等日常民主管理活动；④建立职工代表大会文书档案制度，整理职工代表大会的各种材料和档案。

三、厂务公开制度

（一）厂务公开的性质及原则

厂务公开是指机关企事业单位管理者把一切管理活动向全体职工公开（法律规定保密的除外）。换言之，即职工对机关企事业单位一切管理活动享有知情权。

分公司应当建立和实行厂务公开制度，通过职工代表大会和其他形式，将企业生产经营管理的重大事项、涉及职工切身利益的规章制度和经营管理人员廉洁从业相关情况，按照一定程序向职工公开，听取职工意见，接受职工监督。企业主要负责人是实行厂务公开的责任人。分公司实行厂务公开应当遵循合法、及时、真实、有利于职工权益维护和企业发展的原则。实行厂务公开应当保守企业商业秘密以及与知识产权相关的保密事项。

（二）厂务公开的主要内容

1.企业应当向职工公开的事项

（1）经营管理的基本情况；

（2）招用职工及签订劳动合同的情况；

（3）集体合同文本和劳动规章制度的内容；

（4）奖励处罚职工、单方解除劳动合同的情况以及裁员的方案和结果，评选劳动模范和优秀职工的条件、名额和结果；

（5）劳动安全卫生标准、安全事故发生情况及处理结果；

（6）社会保险以及企业年金的缴费情况；

（7）职工教育经费提取、使用和职工培训计划及执行的情况；

（8）劳动争议及处理结果情况；

（9）法律法规规定的其他事项。

2.国有企业、集体企业及其控股企业除公开上述相关事项外，还应当公开的事项

（1）投资和生产经营管理重大决策方案等重大事项，企业中长期发展规划；

（2）年度生产经营目标及完成情况，企业担保，大额资金使用、大额资产处置情况，工程建设项目的招投标，大宗物资采购供应，产品销售和盈亏情况，承包租赁合同履行情况，内部经济责任制落实情况，重要规章制度制定等重大事项；

（3）职工提薪晋级、工资奖金收入分配情况，专业技术职称的评聘情况；

（4）中层领导人员、重要岗位人员的选聘和任用情况，企业领导人员薪酬、职务消费和兼职情况，以及出国出境费用支出等廉洁自律规定执行情况，职工代表大会民主评议企业领导人员的结果；

（5）依照国家有关规定应当公开的其他事项。

（三）厂务公开的基本形式

职工代表大会是分公司厂务公开的主要途径。职工代表大会闭会期间，可以通过厂务公开栏、厂情发布会、联席会议以及单位内部报纸、刊物、板报、广播、电视、网络、手机短信等形式进行公开。企业厂务公开应当分层次进行。除了在分公司、分厂、车间（科室）一级进行公开外，还应当在区队、班组进行。分公司（厂）、车间（科室）应当及时听取和了解职工对企事业厂务公开的意见，对职工提出的重要意见和建议在三十日内给予答复或者说明；需要整改的，应当采取措施整改，并在三十日内将整改情况予以公开。

 案例1

中安联合小指标劳动竞赛经验分享之一
——煤气化部分工会：发挥平台优势，强化激励导向

在公司党委和工会领导下，煤气化部分工会动员全体职工积极参与小指标劳动竞赛，主动作为，创效创优，引导装置班组人员当好主力军、奉献在岗位、建功创一流。空分装置保持高负荷、高效益生产，气化装置实现长周期、高质量运行，煤气化部各项工作总体保持安全稳定、优质高效，有力保障了公司年度目标的顺利实现。

一、竞赛组织概况

1.强化组织推动力

建立运行部、装置两级推动机构，运行部主要负责方案策划、机制完善和过程检查督促以及考核导向把握，两个装置竞赛工作组主要负责竞赛指标的科学设置和检查确认、竞赛过程的协调反馈、月度考核的审核改进、先进典型的选树宣传。

2.聚焦难点创造力

两个装置共确定了四项生产指标，作为竞赛重点内容。气化装置选择将比煤耗、平稳率、外排污水悬浮物作为竞赛重点，集中优势兵力开展指标跟踪优化；空分装置设置单位氧气超高压蒸汽消耗量作为竞赛重点。

3.加强过程管控力

运行部层面实施"一审三查"方式，空分装置坚持"查、改、评、考""四位一体"，气化装置注重过程"三讲一评"，运行部及装置每月对班组指标完成及考核兑现情况进行审定。

4.注重宣传引领力

每月对排名第一的班组，授予优胜小红旗一面，张贴于宣传展板，发挥"扛红旗、争第一"激励作用。对于过程中表现优秀的党员和职工，优先作为运行部"党员之星""员工之星"推荐人选。

二、竞赛成果展示

1.劳动竞赛参与度明显加大

小指标劳动竞赛参与面广，充分体现了"依靠"方针，2个装置8个班组共137人，协作单位也参与其中，使职工参与竞赛活动的积极性、主动性得到了充分调动，有利于持续推进，奋力跑出劳动竞赛加速度。

2.生产运行质量明显提升

气化装置平均比煤耗低于公司确立指标，2021年平稳率达到98.9%，同比上一年提升14.4%，气化炉单炉运行周期达到381天；空分装置高产增效，平稳运行时间超过24个月，单位氧气产品能耗，较上一年度降低2.6%，同比减少0.87万吨标煤，创效800多万元。

3.队伍业务素质明显提高

气化装置外操岗位获得"安徽省青年安全生产示范岗"荣誉，装置团队上报作为"安徽青年五四奖章集体"候选团队，微信公众号点赞数14325个，遥遥领先占据首位；空分装置团队被推荐为"淮南市工人先锋号"先进集体候选团队。

4.示范引领作用明显增强

竞赛过程中涌现出了一批优秀员工和先进模范个人，1名公司劳动模范、2名"中安之星"、3名"最美奋斗者"等一批先进个人，实现了"劳动创效"和"人才培养"的相互提升、相互促进，形成了很好的先进导向和示范引领作用。

中安联合小指标劳动竞赛经验分享之二
——烯烃部分工会：小指标 大效用

烯烃部分工会通过开展"中安杯"小指标劳动竞赛，激发广大职工的劳动热情，凝聚职工向管理创新要效益，向优化操作要效益，向安全生产要效益，取得了显著成果。

一、统筹谋划，组织领导有力

加强组织领导。烯烃部紧贴装置生产实际，运行部成立领导小组，总支负责人亲自抓，分工会主席具体抓，运行部分管经理按照职责分工落实；各装置分别成立工作小组，由白班班长具体落实各项竞赛要求。

明确竞赛指标。从"安全环保、高效运行、节支降耗、现场管理"等方面，明确18项小指标，并根据生产调整，年中优化增加4项小指标竞赛，并及时将指标分解到装置，到班组，到个人，做到"千斤重担人人挑，人人头上有指标"。

建立工作机制。健全完善"周调度、月考核、季总结、年评比"工作机制，并实行动态考核，与绩效考核挂钩，与员工评先挂钩。

二、化整为零，竞赛形式多样

烯烃部将竞赛目标分解到各装置、线条，通过开展"小小指标"劳动竞赛，为管理找到了抓手。

19-MTO装置通过开展《降低"双烯"损失、提高装置运行效益》小指标劳动竞赛，乙烷中的乙烯平均含量降低至 0.31%（w）；丙烷产品中的丙烯平均含量降低至 2.95%（w）。

碳四装置通过开展《精细管控，保双烯总收率》小指标劳动竞赛，2021 年度产品合格率 100%；公司级平稳率达到 100%；部门级平稳率达到了 99.29%，年共计扭亏增效 700 万元。

聚丙烯装置通过开展《熔融指数中值控制》和《工艺参数合格率、平稳率控制》小指标劳动竞赛，熔融指数中值控制得到显著提升。

聚乙烯装置通过开展《添加剂进料量稳定控制》小指标劳动竞赛，进料平稳率控制在 0.1‰ 以内，年度节约投资约 56 万元。

成品装置通过开展《提高危化平台运行平稳率》小指标劳动竞赛，由原来的月平均报警两次，降低为月平均报警不足一次，部分班组实现月度零报警。

三、全员参与，浓烈比赛氛围

各装置根据公司工会及部门分工会小指标竞赛通知，确定符合本装置的小指标竞赛项目，通过双岗互学、班组之间、同岗位之间进行竞赛学习。碳四装置四班班长马佳浩在小指标劳动竞赛活动中，带领班组奋力争先，在抓好班组员工培训的同时，给班组立下两个指标，100% 的产品合格率 +99% 的平稳率（力争双百），以身作则，立下了榜样。

将"全流程"人才培养和"我是流程王"技能竞赛平台与小指标劳动竞赛相融合，提高员工操作技能。聚丙烯装置为将熔融指数中值控制在最优范围内，从根本原因入手，严格控制催化剂配比，工艺改造滤网并定期清理，对色谱进行多次校验，优化改造助剂下料系统，经过多番调整与装置操作人员细致操作，均聚料熔融指数由原出厂标准中值 ±0.5，提升至 ±0.3，客户反馈良好。

烯烃部分工会以小指标劳动竞赛推动全员对比榜样强弱项、学习先进补短板、互帮互助齐进步、瞄准标杆勇追赶、自我加压求超越，在装置班组之间、内外操之间、个人之间形成了"比学赶帮超"的浓厚学习氛围。

案例2

扬州市工会"网上职代会"实践探索

一、创新创优亮点

适应"互联网+"工会工作，建立借助公司职工代表 QQ 群、职工代表微信公众服务号、职工（代表）微信群，在实践中探索：把职工代表大会制度放在网上"建"，把职工代表放在网上"选"，把职工代表大会放在网上"开"，把职工代表培训放在网上"搞"。

二、主要做法

1.利用职工代表"微信公众服务号"宣传公司网上职工代表大会活动的开展，营造良好会议氛围；同时，开展一届一次职工代表大会代表推选工作。

2.通过"微信群"在网上开展如下工作：（1）进行征集发布。包括公司职工代表大会实施细致方案（草案）、相关组织机构名单、职工代表分配方案、开会通知、代表推选通知、提案征集通知、职工代表大会议题、大会开幕词、代表名册及分组情况、行政工作报告（草案）、工会工作报告（草案）、相关制度修改（草案）、工资集体协商合同（草案）及履约情况报告、职工代表大会决议（草案）和大会闭幕词等；（2）开展审议表决。按代表组建立几个讨论群，对每次会议议题进行分组审议，及时收集讨论结果；审议通过工资集体协商合同（草案）及履约情况报告、行政工作报告（草案）、公司员工管理制度修订（草案）等；（3）进行代表培训。利用上级工会提供的职工代表培训材料，对代表进行业务知识和能力素质提升等培训学习。

3.通过 QQ 群在网上开展如下工作：（1）传输上级工会关于职工代表大会指导操作手册（电子文档）；（2）传输公司代表提案电子文档；（3）向上级工会报告职工代表大会召开相关事项。

三、推广价值

1.不用纸质文件，职工代表可以畅所欲言，自由发表个人意见，突破了地域、时间、场面、心理等各种限制。

2.通过网上知情、审议和表决等方式的探索，较好地将职工民主权利、协商民主中的各项元素与现代网络技术有机有效进行结合。

第九章

分工会主席日常工作的实务操作（下）

分工会作用发挥得如何，能否维护职工的合法权益，能否调动职工的积极性和创造性，关系到党与职工群众的关系，关系到党的阶级基础和执政地位，关系到经济发展和社会的和谐稳定。分工会在协调劳动关系、开展职工思想政治工作、维护社会稳定方面有着不可替代的重要作用。

第一节 分工会的劳动保护工作

工会劳动保护工作，是指工会依据法律赋予工会的职权，监督企业和有关方面贯彻国家有关劳动安全卫生的法律法规情况，发动群众参与企业安全生产工作，督促企业不断改善劳动条件，维护职工在生产劳动过程中的安全与健康的合法权益。政府、企业把此项工作称为安全生产。科研、高校领域则把这项工作称为"劳动（职业）安全卫生"。

一、分工会劳动保护工作的要求

（一）工会劳动保护工作的总体要求

当前和今后一个时期工会劳动保护工作的总体要求是：以习近平新时代中国特色社会主义思想为指导，全面贯彻党的二十大精神，按照全总的部署，坚持以维护职工安全健康合法权益为宗旨，以强化广大职工对劳动安全卫生工作的群众监督为主线，以推动解决农民工相对集中的高危行业和非公有制中小型企业侵害职工安全健康合法权益的突出问题为重点，以"安康杯"竞赛活动为载体，全面推广工会参与职业病防治工作模式，不断强化班组安全建设，推动工会劳动保护工作的创新与发展，在推进强国建设、民族复兴的新征程中，不断开创工会劳动保护工作的新局面。

（二）进一步做好新形势下分工会劳动保护工作

一是必须紧紧围绕企事业单位工作大局与基层工会工作全局，自觉把分工会劳动保护工作放到大局中去认识和把握，找准定位，积极作为。

二是必须积极争取各级党委重视，与政府有关部门密切配合，充分运用各种资源和手段，形成社会化工作格局。

三是必须突出工作重点，着力解决影响职工安全健康权益的突出问题，以重点工作推进工会劳动保护整体工作。

四是必须坚持不懈抓基层、强基础，充分发挥分工会组织和职工群众在劳动安全卫生工作中的重要作用。

五是必须解放思想，开拓创新，以新思路、新方法解决新形势下的新问题。

六是必须重视调查研究，及时总结基层新鲜经验，重视好经验好做法的成果转化，发挥典型引领示范作用。

二、分工会劳动保护组织机构及职责

（一）分工会劳动保护监督检查员

1.分工会劳动保护监督检查员设立范围和任职条件

《劳动保护监督检查员工作条例》第二条规定，工会组织依法履行劳动保护监督检查职责，建立劳动保护监督检查制度，对安全生产工作实行群众监督，维护职工的合法权益。第三条规定："在县（含）以上总工会、产业工会中设立工会劳动保护监督检查员。可聘请有关方面熟悉劳动保护业务的人员担任兼职工会劳动保护监督检查员。"监督检查员在所属总工会和产业工会的领导下开展监督检查工作，代表工会组织执行监督检查任务。为弥补工会劳动保护干部在专业知识方面的不足，可聘请在某一专业领域有较深造诣的专家、工程技术人员、高等院校的劳动安全卫生专业教授等作为兼职劳动保护监督检查员。工会劳动保护监督检查员应具有大专以上文化程度，有较高的政策、业务水平，熟悉和掌握有关劳动安全卫生法律法规和劳动保护业务，具有一定的生产实践经验，并从事工会劳动保护工作一年以上；科级以上、从事五年以上劳动保护工作的工会干部也可以担任工会劳动保护监督检查员。监督检查员应懂政策、懂理论、懂技术，既有调查研究能力，又有综合分析问题、解决问题的能力。同时，还要熟悉国家劳动安全卫生法律法规和标准，具有工业生产的专门业务知识和生产实践经验以及群众工作的能力。

2.分工会劳动保护监督检查员的职权

分工会劳动保护监督检查员代表工会组织行使下列职权。

（1）参与劳动安全卫生法律法规、标准和重大决策、措施的制定，监督劳动安全卫生法律法规和政策的贯彻执行。

（2）监督检查分公司的劳动安全卫生工作，对劳动安全卫生状况进行分析，对危害职工劳动安全与健康的问题进行调查，向分公司反映需要解决的问题，提出整改治理的建议。

（3）制止违章指挥、违章作业。在监督检查时，发现存在事故隐患、职业危害和违反国家劳动安全卫生法律法规的问题，有权要求企业进行整改，监督企业采取防范事故和职业危害的措施；发现严重存在事故隐患或职业危害的，提请所隶属的工会组织向企业发出书面整改建议，并督促企业解决；对拒不整改的，提请政府有关部门采取强制性措施。

（4）在生产过程中发现明显重大事故隐患和严重职业危害，并危及职工生命安全的紧急情况时，有权向企业行政或现场指挥人员要求采取紧急措施，包括立即从危险区内撤出作业人员。同时支持或组织职工采取必要的避险措施并立即报告。

（5）依法参加职工伤亡事故的调查和处理，监督企业采取防范措施，对造成伤亡事故和经济损失的责任者，提出处理意见。对触犯刑律的责任者，建议追究其法律责任。

（6）参加新建、扩建和技术改造工程项目劳动安全卫生设施的设计审查和竣工验收，对劳动条件和安全卫生设施存在的问题提出意见和建议。

（7）监督和协助企业严格执行国家劳动安全卫生规程和标准，建立、健全劳动安全卫生制度；监督检查劳动安全卫生设施；监督检查技术措施计划的执行及经费投入、使用的情况；监督检查企业的安全生产状况。

（8）支持基层工会劳动保护监督检查委员会和工会小组劳动保护检查员开展工作，在劳动保护业务上给予指导。

3.分工会劳动保护监督检查员的管理、考核与奖惩

分工会劳动保护监督检查员的日常管理主要由其所属工会组织负责，工会组织对工会劳动保护监督检查员有业务指导的责任。工会劳动保护监督检查员应定期接受培训，全国总工会、省（自治区、直辖市）总工会制订定期培训计划，以提高监督检查员的政策理论水平和工作能力，掌握现

代科技知识和安全管理方法。任命机关应每年对工会劳动保护监督检查员的工作进行考核，并将考核结果向上级工会组织报告。对于工作成绩优异的工会劳动保护监督检查员，经推荐、评审后，由任命机关授予优秀工会劳动保护监督检查员称号。对于长期不履行监督检查职责、工作严重失职的，任命机关应撤销其工会劳动保护监督检查员资格。

（二）分工会劳动保护监督检查委员会

1.分工会劳动保护监督检查委员会的建立

《基层工会劳动保护监督检查委员会工作条例》第二条规定："企事业工会设立工会劳动保护监督检查委员会，所属分厂、车间（科室）工会设立工会劳动保护监督检查委员会或工会劳动保护监督检查委员。"一般来说，企事业、车间职工人数50人以下的，可建立工会劳动保护监督检查小组。企业、车间成立工会委员会，即应成立工会劳动保护监督检查委员会。工会劳动保护监督检查委员会委员由同级工会提名，报上级工会备案。提名要通过工会小组的讨论、酝酿，并采用职工（代表）大会讨论通过或基层工会委员会决议的形式，决定委员会委员的组成。委员会一经建立，必须将委员会建立的时间、委员会委员、任期等决定报所属上级工会备案。

2.委员资格确定、委员会组成和委员任期

分工会劳动保护监督检查委员会委员可从工会劳动保护干部及热心于劳动保护工作的企业（车间）一线工人、工程技术人员、医务人员、行政职能部门的干部中推选。但行政管理人员不得超过委员会总人数的1/3。工会劳动保护监督检查委员会的委员数量应根据企业、车间职工人数的多少来确定。一般由5~15人组成。主任委员1人，由分工会主席或副主席担任；副主任委员1~2人，由行政干部和分工会副主席或劳动保护干部担任；委员若干人；女职工相对集中的单位，应设立女职工委员。人数少的企业、车间可组成3人工会劳动保护监督检查小组。原则上，工会委员会换届后，应对分工会劳动保护监督检查委员会委员进行调整、更换。为有利于工作的开展，每年也可根据实际情况进行委员的调整和补充。委员会委员一旦缺员，应及时进行补充。如果企业、车间工会委员会发生合并、撤销等变化，分工会劳动保护监督检查委员会也应及时进行相应撤销或重新建立。

3.分工会劳动保护监督检查委员会与分工会组织的关系

分工会劳动保护监督检查委员会由企业、车间中各方面的人员组成，是一个专门的工作机构。分工会劳动保护监督检查委员会在同级工会领导下开展工作。根据需要，分工会劳动保护监督检查委员会的工作可与分工会职工（代表）大会的专门委员会的工作相结合，作为职代会劳动保护工作的日常专门工作机构，研究企业、车间的劳动保护问题，向企业行政方面提出工会的意见和建议。委员会应定期向分工会组织或职工（代表）大会报告工作，并建立有效的工作制度，如委员会的定期会议制度、监督检查制度、职工代表巡查制度、委员会与行政方面定期协商制度等。

4.分工会劳动保护监督检查委员会的职权

（1）监督和协助分工会贯彻执行国家劳动安全卫生法律法规，监督落实安全生产责任制和规章制度，参加涉及职工劳动安全与健康规章制度的制定，参与本单位劳动安全卫生措施、计划和经费投入等方案的制订和实施，对劳动安全卫生的决策、措施提出意见和建议。

（2）定期分析研究劳动安全卫生状况，向企业和有关方面反映职工对劳动安全卫生工作的意见、建议和要求。督促和协助企业解决劳动安全卫生方面存在的问题，改善劳动条件和作业环境。

（3）参与分公司集体合同中关于劳动安全卫生、工作时间、休息休假和工伤保险等条款的协商与制定，维护职工劳动安全卫生的权利、休息休假的权利和享受工伤保险的权利。对集体合同、劳动合同中劳动安全卫生条款的执行情况进行监督检查。

（4）制止违章指挥、违章作业。组织或协同行政进行安全生产检查，组织职工代表对劳动安全卫生工作进行督查。对事故隐患和职业危害作业点建立档案，监督整改和治理，并督促企业防范事故和职业危害。

（5）对违反国家法律法规、不符合劳动安全卫生标准规定的问题，提出整改意见；问题严重的，向企业行政提出书面整改意见，对拒不整改的，要求政府有关部门采取强制性措施。

（6）监督检查新建、扩建和技术改造工程项目的劳动安全卫生设施与主体工程同时设计、同时施工、同时投产使用。

（7）参加职工伤亡事故调查和处理，查清事故原因和责任，提出对事故责任者的处理意见，监督和协助企业采取防范措施。对发生的职工伤亡事故和职业病进行研究、分析，总结教训，提出建议。

（8）在生产过程中发现明显重大事故隐患和严重职业危害，并危及职工生命安全的紧急情况时，要求企业行政或现场指挥人员采取紧急措施，包括立即从危险区内撤出作业人员。同时支持或组织职工采取必要的避险措施并立即报告。

（9）宣传国家劳动安全卫生法律法规、政策及企业的规章制度，结合实际情况，组织和发动职工开展安全生产活动，教育职工遵章守纪，提高职工的安全意识和技能。

（10）督促企业按国家有关规定发放劳动安全卫生防护用品、用具，监督企业定期对职工进行健康检查。监督企业履行对职业病人的诊断、治疗和康复的责任，督促落实工伤待遇及职业病损害赔偿。监督和协助企业落实女职工和未成年工特殊保护的有关规定。

5.对分工会劳动保护监督检查委员会的指导、表彰和奖励

基层工会要对分工会劳动保护监督检查委员会开展工作给予指导和帮助，定期举办委员会委员培训班，推广各地、各企业开展劳动保护监督检查的经验，充实现代安全管理知识和方法。为保护委员会委员的积极性，分工会组织要经常听取委员的意见和建议，为委员开展工作排忧解难，提供工作保障。同时，基层工会组织对工作成绩显著的劳动保护监督检查委员会应给予表彰和奖励。全国总工会不定期表彰全国优秀企业工会劳动保护监督检查委员会，以激励更多的工会劳动保护监督检查委员会为保护职工的安全与健康做出贡献。

（三）工会小组劳动保护检查员

1.工会小组劳动保护检查员的设立范围、推选程序和任职条件

《工会小组劳动保护检查员工作条例》第二条规定："在工、交、财

贸、基本建设等行业的企事业生产班组中，设立工会小组劳动保护检查员。"这一规定强调在工、交、财贸、基本建设等事故多发行业的生产班组中必须设立工会小组劳动保护检查员，突出了工会劳动保护监督的重点是在生产班组，工会劳动保护监督的哨兵必须设立在生产班组。工会小组劳动保护检查员经民主推选产生。工会小组劳动保护检查员是本班组职工劳动安全卫生权益的维护者。谁愿意代表且能够维护班组成员的利益，本班组的职工最清楚，也最有发言权。因此，工会小组劳动保护检查员由所在班组职工群众推选产生。工会小组劳动保护检查员的任职条件是，应具有一定的劳动安全卫生知识；敢于坚持原则，有较强的责任心。因为工会小组劳动保护检查员肩负着落实规章制度、查询相关信息、开展安全教育、制止"双违"、进行安全检查和紧急避险、现场急救等多项职责，而每一项职责都需要有一定的相关知识才能胜任，所以，工会小组劳动保护检查员应具有一定的劳动安全卫生知识和很强的事业心。作为普通职工的工会小组劳动保护检查员，在监督检查工作中还承受着各方面的压力，一方面是行政要求完成生产任务，提高企业经济效益；另一方面是职工兄弟姐妹的生命安全，这就要求工会小组劳动保护检查员要敢于坚持原则。工会小组劳动保护检查员的工作是工会监督检查最基层的工作，每天的"一班三检"，隐患整改的落实，班组成员安全技能的提高，以及每天班组成员思想情绪的变化，都需要小组检查员付出心血，没有强烈的责任心是无法胜任这一工作的。

2.工会小组劳动保护检查员与分工会劳动保护监督检查委员会的关系

工会小组劳动保护检查员在分工会劳动保护监督检查委员会领导下工作，即分工会劳动保护监督检查委员会对工会小组劳动保护检查员的工作给予指导。这就完善了工会监督检查体系的上下衔接，也对工会小组劳动保护检查员开展工作提供了组织支持。

3.工会小组劳动保护检查员的职权

（1）协助班组长落实国家劳动安全卫生法律法规及企业规章制度，创建安全生产合格班组。

（2）查询工作场所存在的职业危害和企业相应的防范措施。

（3）督促和协助班组长对本班组人员进行安全教育，提高安全生产意识和技术技能。

（4）制止违章指挥、违章作业。

（5）对生产设备、防护设施、工作环境进行监督检查，发现隐患及时报告，督促解决。

（6）发现明显危及职工生命安全的紧急情况时，应立即报告，并组织职工采取必要的避险措施。

（7）发生伤亡事故，迅速参加抢险、急救工作，协助保护事故现场，并立即上报。

（8）监督企业提供符合国家规定的劳动条件、按规定发放个体防护用品。向企业提出不断改善劳动条件和作业环境的建议。

（9）因进行正常监督检查活动而受到打击报复时，有权上告，要求严肃处理。

4.对工会小组劳动保护检查员的表彰与奖励

工会小组劳动保护检查员是工会组织实施劳动保护监督检查的基层骨干，是工会劳动保护监督检查网络的耳目和哨兵。工会小组劳动保护检查员都是兼职人员，他们与班组的职工一样，要承担同样的生产任务，所不同的是他们还要肩负监督本班组安全生产的责任。他们比其他人付出的要多，却没有额外的报酬。为保护工会小组劳动保护检查员的积极性，激励更多的工会小组劳动保护检查员为职工的安全与健康做出贡献，上级工会组织要定期表彰这些人员，并给予必要的物质奖励。分工会组织还可与企业行政协商，给予有贡献的工会小组劳动保护检查员一些优惠待遇。

三、分工会劳动保护的工作职责和任务

（一）工作职责

分工会主席对分工会劳动保护工作负全面领导责任；分管副主席负直接领导责任；劳动保护部门（或专兼职人员）负直接责任，履行以下职责。

1.建立健全群众性劳动保护监督检查组织网络。

2.听取分工会劳动保护工作汇报和职工群众的意见，研究解决分工会劳动保护工作的重大问题，指导分工会劳动保护工作的开展。

3.监督和协助企业贯彻落实国家有关劳动安全卫生法律法规和标准。参与企业安全生产责任制、劳动安全卫生规章制度、生产安全事故应急救援预案的制定和修改工作。

4.参与集体合同中有关劳动安全卫生条款的协商与制定，督促合同相关内容的落实。

5.参加本企业生产性建设工程项目"三同时"审查验收工作和伤亡事故的调查处理，按规定上报伤亡事故。

6.独立或会同企业行政开展安全检查。对查出的问题要及时督促企业整改；对重大事故隐患和职业危害要建立档案，并跟踪监督整改；对本企业无法解决的重大隐患向上一级工会反映。

7.组织职工开展"安康杯"竞赛等群众性安全生产活动。

8.宣传职工在劳动安全卫生方面享有的权利与义务，教育职工遵章守纪，协助企业行政搞好安全教育培训，提高职工的安全意识和自我保护能力。

9.密切关注生产过程中危及职工安全健康的问题。坚决制止违章指挥、强令工人冒险作业，遇到明显重大事故隐患或职业危害，危及职工生命安全时，应代表职工立即向企业行政或现场指挥人员提出停产解决的建议。

(二) 工作任务

1.安全检查

一是检查政策和相关法律法规执行情况。主要是对照党和国家有关安全生产的方针、政策和国家安全生产的法律法规、标准，检查企业及企业负责人、管理者和职工群众的认识和执行情况。

二是检查安全管理制度落实情况。主要检查企业是否已制定安全生产的各项规章制度；企业负责人是否把安全生产工作摆到议事日程，在计划、布置、检查、总结、评比生产的同时是否都有涉及安全生产的内容，看这"五同时"的要求是否真正得到落实；企业各职能部门在各自的业务范围内是否对安全生产负责；安全监督管理机构是否健全；职工群众是否参与企业的安全生产民主管理活动；工会劳动保护监督检查组织网络是否健全；改善劳动条件的措施计划是否按年度编制与实施；安全技术措施经费是否逐项、足额提取和使用；新建、改建、扩建工程项目是否与劳动安全卫生设施同时设计、同时施工、同时投产，即"三同时"的要求是否得到落实；各种操作规程是否完善和具体执行情况；企业安全生产规章制度是否完善，如企业安全生产责任制、企业安全教育制度、安全生产考核制度、事故管理制度、设备管理制度、各种操作规程、劳动防护用品管理制度、安全档案制度、危险作业管理制度、危险物品管理制度、重大生产安全事故应急救援预案等是否建立健全等。

三是检查设施、设备安全状态及其隐患整改情况。以机械制造企业安全检查为例。主要是深入企业现场，检查企业的劳动条件、生产设备以及相应的生产辅助设施是否符合安全生产、文明生产的要求。具体内容如下。

（1）检查生产环境存在危险因素的情况。包括环境布置、安全通道、照明、粉尘、有毒有害物质、事故火灾隐患、高空和狭小作业空间、环境温度和湿度、放射性物质及微波的辐射等。

（2）生产工艺、生产流程及设备使用情况。主要包括潜在的机械、电气伤害等情况。各种机械设备上的安全防护装置是否完备、有效；电气设备上的防漏电、触电装置是否符合技术要求。

（3）危险品使用保管情况。如：易燃易爆物质、放射性物质的使用与保管情况，即有毒有害物质的防护措施是否符合卫生要求。

（4）个体防护装备（通常说的个人劳动防护用品）的质量和使用是否符合安全规定。特别是对企业的要害部位和重点设施，例如变配电所、锅炉房和各种有毒有害、易燃易爆等物品的仓库及使用场所都应严格检查。

四是检查违章行为。违章行为包括违章指挥和违章作业。实践表明：违章指挥和违章作业是引发生产事故的主要原因之一。由于种种原因，当前生产中违章指挥和违章作业，甚至习惯性违章现象还比较普遍。为了预防事故的发生，对违章指挥和违章作业行为必须严格检查并及时纠正。要检查企业负责人、管理者是否坚持安全生产方针，是否关心职工群众的安全与健康；现场指挥人员有无违章指挥现象；职工群众是否有违章作业等不安全行为。

2. "三同时"监督

《劳动法》第五十三条规定："新建、改建、扩建工程的劳动安全卫生设施必须与主体工程同时设计、同时施工、同时投入生产和使用。"《工会法》第二十四条规定："工会依照国家规定对新建、扩建企业和技术改造工程中的劳动条件和安全卫生设施与主体工程同时设计、同时施工、同时投产使用进行监督。对工会提出的意见，企业或者主管部门应当认真处理，并将处理结果书面通知工会。"《安全生产法》第三十一条规定："生产经营单位新建、改建、扩建工程项目（以下统称建设项目）的安全设施，必须与主体工程同时设计、同时施工、同时投入生产和使用。安全设施投资应当纳入建设项目概算。"第六十条规定："工会有权对建设项目的安全设施与主体工程同时设计、同时施工、同时投入生产和使用进行监督，提出意见。"

3. 参加伤亡事故调查处理

《工会法》第二十七条规定："职工因工伤亡事故和其他严重危害职工健康问题的调查处理，必须有工会参加。工会应当向有关部门提出处理意见，并有权要求追究直接负责的主管人员和有关责任人员的责任。对工会提出的意见，应当及时研究，给予答复。"《安全生产法》和《职业病防治法》也有相关的规定。作为职工权益的代表者和维护者，分工会在参加伤亡事故调查处理时要特别注意维护职工的合法权益。

（1）是否有瞒报、漏报事故的情况。瞒报、漏报事故，一方面有可能使伤亡职工不能依法享受工伤保险待遇和遗漏用人单位应承担的民事赔偿；另一方面无法按照"四不放过"（即事故原因没有查清不放过、责任人员没有受到处理不放过、防范措施没有落实不放过、有关人员没有受到教育不放过）原则，防范同类事故的发生，从而可能使更多的职工受到同样的伤害。

（2）调查、分析事故原因和确定、处理事故责任者时，是否全面、公正。在事故调查处理时，有时存在"领导干部层层有人保，职工的责任跑不掉"的现象。因此，工会在事故调查、分析事故原因时，既要分析事故的直接原因（人的不安全行为和物的不安全状态），更要分析导致事故的直接原因和存在的间接原因（管理缺陷）；在确定和处理事故责任者时，既要确定和处理事故的直接责任者（包括直接操作者和直接指挥者），也要确定和处理事故的间接责任者（包括负有领导责任的领导者和负有管理责任的管理人员）。只有这样，事故调查处理才比较全面、公正。

（3）职工是否依法获得工伤保险待遇和用人单位的民事赔偿。《安全生产法》第五十六条规定："因生产安全事故受到损害的从业人员，除依法享有工伤保险外，依照有关民事法律尚有获得赔偿的权利的，有权提出赔偿要求。"因此，在伤亡事故调查处理过程中，要调查了解用人单位是否依法履行了工伤保险责任。当用人单位违反了有关法律，侵害了职工的合法权益，受害人提出民事赔偿要求时，分工会应当为职工提供必要的法律援助。

4.预防事故及职业危害

一是发动、组织广大职工开展广泛的群众性"反违章""查隐患、堵漏洞、排险情"安全活动；二是发动、组织职工群众开展各种形式的安全竞赛；三是发动、组织职工直接参加整治事故隐患及职业病危害，改善劳动条件。分工会应当建立隐患及职业病危害的跟踪监督整改制度，不断促进企业行政下决心搞好整改。

5.开展班组安全检查

班组安全检查的目的是通过班组成员检查、发现和查明各种危险和隐患，并采取措施整改和防范，杜绝或减少人的不安全行为与物的不安全状态，保证安全生产。班组安全检查的形式很多，最常见的是一班三检制。一班三检，就是班前、班中、班后进行安全检查。班前检查重点是设备、工具和作业环境及个人防护用品的穿戴；班中检查重点是设备运行状况和纠正违章行为；班后检查重点是工作现场，不能给下一个班留下隐患。班组安全检查的另一个常见形式是定期安全检查，它主要由班长、工会小组劳动保护检查员、安全员参加，对本班组安全生产状况进行检查。对检查出来的问题，应制定相应的整改办法。班组可以整改的，要自行及时整改；班组不能整改的问题，要及时向上级有关部门、工会组织反映，并督促解决。

6.教育培训

分工会劳动保护教育培训的对象是各分工会劳动保护干部和广大企业职工。分工会可以独立开展劳动保护教育培训，也可以会同行政联合开展此项工作。分工会劳动保护干部教育培训的主要内容是国家有关劳动安全卫生的法律、法规、标准和政策，工会劳动保护监督检查三个条例（《工会劳动保护监督检查员工作条例》《基层工会劳动保护监督检查委员会工作条例》《工会小组劳动保护检查员工作条例》），劳动安全卫生专业知识，工会工作基本理论和业务知识等。职工劳动保护教育培训的主要内容是国家有关劳动安全卫生的法律、法规、标准和政策，企业劳动安全卫生规章制度，职工在企业劳动安全卫生工作中享有的权利和应尽的义务，职工如何维护安全健康合法权益等。分工会除了独立开展职工劳动保护教育培训外，还要监督和协助企业行政进行新工人三级安全教育、特种作业人员安全培训和经常性教育。新工人的三级安全教育包括厂级教育、车间级教育和岗位教育。此外，还应对广大职工进行经常性的安全教育。

7.为职工劳动保护争议提供法律支持

工会的性质和职能决定了工会在劳动保护争议处理过程中有着重要的地位和作用。《工会法》第二十九条明确了工会参加企业的劳动争议调解工作，地方劳动争议仲裁组织应当有同级工会代表参加。《劳动法》第八十条规定，用人单位设立的劳动争议调解委员会的主任由工会代表担任。工会可以依法行使调查权、建议权、调解权和支持起诉权。工会代表作为劳动争议仲裁委员会的成员、作为仲裁员以及作为职工委托代理人三种不同身份，在劳动保护争议仲裁活动中，应做好调查、取证工作，依法维护职工和用人单位的合法权益，公正地搞好仲裁工作。我国《劳动法》和《工会法》对工会依法支持和帮助职工起诉做了明确的规定。如职工在仲裁裁决后不服的，工会可告知职工有向人民法院提起诉讼的权利，如果职工要求委托工会工作者作为诉讼代理人，工会应当依法做好出庭前的准备。开庭时，工会工作者应以法律为依据，摆事实，讲道理，为职工辩护。判决后，如果对方不执行判决，工会可帮助职工依法申请人民法院强制执行。在整个诉讼过程中依法维护职工的劳动保护合法权益，具体包括：工会帮助或者代职工起草向法院提起诉讼的起诉书；代理职工或者代请律师参加诉讼活动；提供物质援助；在舆论上给予支持和呼吁等。

四、分工会劳动保护的工作方法

（一）"一法三卡"工作法

"一法三卡"，就是在分工会劳动保护监督检查工作中采用的重大事故隐患和职业病危害监控法及安全检查提示卡、有毒有害化学物质信息卡、危险源点警示卡。

1.事故隐患和职业病危害监控法

事故隐患和职业病危害监控法是指在生产（工作）区域内对事故隐患和职业病危害作业点采取排查、评估、建卡等措施，建立监督控制体系，促进隐患整改的群众性劳动保护工作方法。实施监控法的主要步骤如下。

（1）排查。组织发动职工从人、机器、环境、管理等几个方面入手，深入地对生产作业场所与岗位的事故隐患和职业病危害进行全面系统的排查和整理。

（2）确认。对排查出来的各种不安全因素进行辨识、确认。确认事故隐患和职业病危害作业点的依据主要包括 10 个方面的内容：易燃、易爆、易发生火灾危险的场所；有触电伤害危险的场所；有中毒和窒息危险的场所；有人员高空坠落危险的场所；有机具和物件挂、绞、碾、碰、挤、压、切、撞、割、刺危险的场所；有灼烫、透水、淹溺、坍塌危险的场所；有落物、崩块伤人危险的场所；粉尘超标和环境污染的场所；存在噪声、低温、高温、振动、辐射、生物毒性危害危险的场所；其他容易致人伤害、发生事故频率较高的作业场所。

（3）评估。由企业工会劳动保护监督检查委员会组织，有工会劳动保护监督检查员或专职干部、企业安全技术干部和技术工人等成员组成的评估小组对确认的事故隐患和职业病危害作业点逐个进行定性、定量的评估，确定其危险等级。确定危险等级的依据主要是：事故发生的可能性大小；若发生事故，可能造成职工伤亡人员的数量和职业病危害的严重程度；财产损失的大小。以此把事故隐患和职业病危害作业点分为以下三个等级：班组级（C级）——发生事故的概率较小，若发生事故，职工伤害程度较轻，或对人体健康造成影响较小，财产损失少。车间级或分厂级（B级）——发生事故的概率较大，若发生事故，易发生多人伤害，造成死亡事故，或易造成慢性中毒，财产损失较大。企业级（A级）——事故发生的概率很高，若发生事故，易发生群死群伤事故，或可能发生多人急性中毒事故，造成重大财产损失。

（4）登记建档、立卡。凡列为事故隐患和职业病危害作业点的，均进行登记，建立相应的档案，并统一制作醒目的标志牌挂在作业现场，即"事故隐患和职业病危害监控卡（警示卡）"。监控卡的主要内容有：事故隐患作业点名称、危险等级、易发事故种类、防护措施、监控要求、紧急预案、责任人、检查周期等。企业还可以配套制作"事故隐患和职业病危害作业点分布网络图"，把一个企业或一个车间内的危险源的位置在图上标示出来，一目了然，便于进行监控管理。

（5）日常管理。由企业工会劳动保护监督检查委员会建立台账档案，一个作业点设置一本台账。按照"事故隐患和职业病危害作业点"的危险等级，根据实际情况，明确管理权限和责任人。如：C级点由班组长为第一责任人，B级点由车间主要领导人为第一责任人，A级点由企业主要领导人为第一责任人。

（6）实行动态管理。无论是原有的监控点危险等级降低，还是出现新的危险源，都要及时进行调整，使危险作业点始终处于有效的监控之中。

2. 有毒有害物质信息卡

有毒有害物质信息卡，国际上一般称作化学品安全信息卡，简称MSDS（Material Safety Data Sheet）。在有的场合，如在《作业场所安全使用化学品公约》中，也称作化学品安全技术说明书（CSDS），是化学品生产商和进口商用来阐明化学品的理化特性（如 pH 值，闪点，易燃度，反应活性等）以及对使用者的健康（如致癌，致畸等）可能产生危害的文件。有毒有害物质信息卡的内容，包括了危险化学品的燃、爆性能，毒性和环境危害，以及安全使用、泄漏应急救护处置、主要理化参数、法律法规等方面信息，它还简要说明了一种化学品对人类健康和环境的危害性并提供如何安全搬运、贮存和使用该化学品的信息。因此，它是传递化学品危害信息的重要综合性文件。

3.危险源点警示卡

危险源点警示卡，是运用现代系统安全的理论和方法，对生产（工作）场所、作业岗位的危险源（点）进行自下而上的排查、辨识和评价，并实施挂牌监控的一种方法。危险源点警示卡的主要作用如下。（1）警示作用。在危险区域或岗位挂牌，提示存在的危险，并辅之相应的宣传教育，让职工在工作时提高注意力。（2）监控作用。通过对事故和职业病危害作业点的挂牌，标明主要危害以及危害程度、主要控制措施、监控责任人和检查周期等内容，提示坚持做好日常管理，加强对事故的隐患和职业病危害实施切实有效的监督和控制，防止事故的发生。（3）管理作用。通过对每一个危险源点的警示与监控，促进企业对隐患的整改，完善和提高企业安全生产管理水平。

4.安全检查表

为了系统地发现工厂、车间、工序或机器、设备、装置以及各种操作管理和组织措施中的不安全因素，事先把检查对象加以剖析，把大系统分割成小的子系统，然后确定检查项目，以提问的方式，将检查项目按系统或子系统顺序编制成表，以便进行检查和避免漏检，这种表就是安全检查表。安全检查表的编制方法：安全检查表要填写检查的地点（如检查的车间、工段等），内容可以简单地列四个栏目，即序号栏、检查项目栏、"是""否"或"合格""不合格"栏和备注栏（注明采取措施的要求或其他事项）。为了使检查表进一步具体化，还可以增添栏目，将各检查项目的标准或参考标准列出，使检查者和被检查者知道怎么做才是对的，这非常有利于提高检查效果和检查质量。每张检查表均需注明检查时间、检查者、直接负责人等，以便分清责任。检查表最好一式二份，在检查确认签字后留给被检查单位一份用于对照整改和反馈整改情况，留底备查一份。

（二）"红黄白通知书"工作法

1."红黄白通知书"的主要内容

"红黄白通知书"是《事故隐患限期解决通知书》（红色通知书）、《事故隐患处理通知书》（黄色通知书）和《事故隐患报告书》（白色通知书）三种通知书的统称。"红黄白通知书"均为表格形式，"红黄通知书"上方分别印有两条红线或黄线，"白色通知书"无色彩标记，以此体现事故问题的严重程度。"红黄白通知书"主要针对生产过程中的设备隐患、管理缺陷、劳动卫生等方面危及职工安全与健康的问题，向企业管理者提出警告，并作为要求及时或限期整改的书面依据。通知书上有接书人的签名，企业行政如果不能按通知书的内容限期整改，所引起的不良后果将由接书人负行政或法律责任。

2.事故隐患报告书和限期整改通知书

《事故隐患报告书》由工会小组劳动保护检查员或职工群众提出。对职工提出的职业病危害和事故隐患报告，由车间工会劳动保护监督检查委员会进行整理、复查、建档并报行政，由行政对提出的隐患进行答复。车间解决不了的隐患，由车间再报至公司工会，由公司工会提交公司行政解决，必要时采用《事故隐患限期整改通知书》交公司行政，由公司领导人作出答复。

3.保证"两书"实施的工作制度

（1）各级工会主管主席负责制。这项制度的建立对于落实群众监督极为重要。只有各级工会主管主席把群众劳动保护监督检查放在重要位置，做到亲自抓、亲自过问、亲自参加，才能使这项工作开展得深入扎实。

（2）行政负责人签字认可制度。它是企业行政及其安技部门对职工提出并消除事故隐患的一种认证，是对职工提出的事故隐患报告的质量及产生的积极效果给予的认可。行政负责人认可签字，说明群众监督起到了帮助企业稳定安全生产的作用。反之，职工没有将隐患提到"点"上，行政就不会重视，群众监督的作用就体现不出来。

（3）奖励制度。对于消除重大事故隐患有功的职工给予重奖；对于发现一般事故隐患的职工给予一次性奖励；对于发现并消除重大事故隐患的职工给予晋升工资等奖励。这样可以充分调动职工排查和消除隐患的积极性，促使广大职工参与企业安全生产，共同搞好安全生产，也有助于使这项活动具有强烈的吸引力。

（三）班组"三全"工作法

班组"三全"工作法是指在生产劳动活动中，班组对安全工作采取全员参与安全管理、全过程实施安全管理和全方位实现安全管理的方法。它注重对生产活动中人、机、物、环境等诸要素的综合管理，通过实现上述要素的协调、统一，维护职工的安全与健康，促进企业健康发展。班组"三全"工作法的主要内容如下。

（1）全员参与安全管理。其核心内容是坚持以人为本，通过多形式、多层次全面系统的安全教育，不断提高职工的安全素质，增强职工的安全意识，提高每个职工的安全管理责任感和自觉性，形成班组中互助互保、群防群治、全员预防的安全生产氛围，建立起人人参与、人人有责、人人要安全、人人管安全的全员管理体系。其具体做法如下。

一是利用班前、班后会和小组活动时间由班组长或工会小组劳动保护检查员组织职工学、背安全操作规程，工艺技术规程，安全生产责任制以及有关安全生产的规章制度；就典型的事故案例组织职工讨论分析事故原因，从中吸取教训，并结合实际举一反三，做到防患于未然。

二是在班组活动室建立安全宣传栏，及时通报其他单位的事故案例，随时对本小组职工的违规行为进行曝光，以强化职工的安全意识。

三是发动和动员班组全体成员参与安全管理，依据标准、规程、规定对班组的每一项生产任务、每一个工艺流程进行人、机、物、环境的分析，提出安全管理的要求和改进意见，经上报批准后，在生产过程中加以实施。

在安全教育学习过程中，要注意突出"以人为本、全员管理"的思想，不断提高职工的安全素质，增强职工的安全意识，注意发挥每个职工参与安全生产民主管理的主动性和积极性，实现班组全员参与安全管理，形成小组安全工作人人有责任、人人有目标、自主管理、群防群治的良好局面。

（2）全过程实施安全管理。其核心内容是安全管理工作从职工入厂上班、上岗、生产、离岗直到安全回家的全过程中，始终贯穿"安全第一，预防为主，综合治理"的思想，从抓人的不安全行为、物的不安全状态入手，对生产过程中各个环节和各种安全隐患，实施有效的安全监控和安全防护措施，保障每个职工的安全和健康，促进企业实现安全生产的目标。全过程实施安全管理要覆盖班前、班中、班后三个环节，实现对整个生产过程的安全监控。班前要对安全措施进行安排，强调安全制度和标准化作业，使职工树立牢固的安全意识；班中要搞好安全确认，进行安全和劳动保护监督检查，及时排查本岗位事故隐患；班后要对当天的安全生产情况进行总结分析，对存在的问题认真查找原因、制定措施、予以防范，对好的做法给予肯定，以促进今后的工作。

（3）全方位实现安全管理。其核心内容是将班组的安全管理工作，从仅为纵向的过程管理转为纵向的和横向的全方位管理，抓住有利于安全管理的直接和间接的各种因素，多层面、多角度、全方位地开展深入细致的工作，为实现安全生产的目标，维护职工的安全健康奠定基础，提供保障。安全管理工作不是独立的，它与其他工作相互制约、相互影响、相互促进，因此安全管理要从大处着眼，小处着手，全面地开展工作，促进工作水平的提高。要依据法律法规和标准，执行规章制度和操作规程，强化安全管理。平时要注重开展岗位技术培训，提高职工的综合素质，在要求职工精通本岗位技术的情况下，还要熟悉其他岗位特别是上下道工序的设备、工艺、技术情况，使职工对其他岗位的安全隐患有了解、能预防，不因自己的工作为其他岗位制造隐患，从而为班组安全管理工作水平的提高奠定基础。同时还要在营造班组团结合作、健康向上的氛围基础上，注意接班看职工情绪、班中看职工干劲、班后看职工活跃程度，在察言观色中发现班组职工思想情绪的波动。要在谈心问话中掌握职工的思想动态，在走家串户中了解职工的生活家庭情况，使职工能够全身心地投入工作中，消除带情绪作业的现象，实现有效预防事故发生的目的。

第二节　分工会的社会保障与职工
生活品质提升工作

　　分工会的社会保障与职工生活品质提升工作涉及分公司（厂）、车间（科室）内职工的劳动就业、劳动工资、生活福利和社会保险，关系到职工的切身利益。工会社会保障工作的实质就是维护职工的劳动经济权益。因此，做好分工会的社会保障与职工生活品质提升工作，对于分工会切实履行自己的基本职责，维护职工队伍和社会的稳定，促进社会主义和谐社会建设，都具有重要的作用。

一、分工会的社会保障工作

（一）分工会积极参与社会保险工作

　　社会保险工作，是工会为维护职工享有国家法律所规定的社会保障权利的一项群众性工作。社会保险是社会保障体系中的一项重要制度，是社会保障制度的核心内容。社会保险制度，是国家和社会对暂时或永久丧失劳动能力的职工，以及失业者给予物质帮助或物质保障的制度。包括养老、医疗、失业、工伤、生育保险。实行社会保险制度，对保护职工身体健康，解决职工在生活上的后顾之忧方面起到了重要作用。分工会要积极参与、推动我国社会保险制度的改革，协助政府和企业进一步做好职工的社会保险工作。

　　1.积极介入，主动干预。分工会在社会实践中，应当处于一种主动工作的状态，对于损害职工合法权益的行为，无论是从宏观领域，还是从具体个案，均要以主动的姿态，积极参与到事件的处理中，充分发挥参与管理、进行监督的职能。具体在基本养老保险中，一方面要参与企业的事务管理，要求企业按照规定履行缴纳养老保险金、告知账户明细的义务；另一方面要加强与社会保险机构的沟通联系，督促社会保险机构对企业的违法行为进行严格执法。在基本医疗保险交纳中，分工会组织要向职工积极宣传基本医疗保险的意义，明示法律规定与自我权益保护途径，同时联系医疗保险机构为职工医疗费用报销提供保障。

2.加强宣传，全面指导。无论是基本养老保险、基本医疗保险，还是工伤保险、失业保险、生育保险，对于职工合法权益保障的内容都各有轻重。职工参加基本养老保险、基本医疗保险、生育保险、失业保险由用人单位和职工共同缴纳保险费。职工应当参加工伤保险，由用人单位缴纳工伤保险费，职工不缴纳工伤保险费。在宣传的过程中，分工会组织应当分步骤地向职工代表、全体职工宣传，并且给予正确的指导。

3.参与监督，维护权益。主要通过职工代表大会对单位履行劳动合同、集体合同、依法缴纳社会保险费情况进行监督。监督职能是分工会组织的基本职能之一，分工会监督的两种制度为职工代表大会制度、平等协商和集体合同制度。监督的内容在社会保险法领域主要体现为交纳社会保险费，社会保险费是职工依法应当享有的社会保险权利，基本养老保险费除个人应当承担的个人账户外，还包括社会统筹部分，社会统筹部分资金由单位按照一定的比例予以交纳，这是职工应当享有的现实利益。

（二）分工会深入开展困难职工帮扶工作

巩固城市困难职工解困脱困成果，推动困难职工帮扶与提升职工生活品质有效衔接，开展困难职工帮扶"四提一优"行动，即提升建档立卡质量、提升动态管理质量、提升资金使用质量、提升跟踪督导质量、优化帮扶服务流程，对我省困难职工家庭统筹实施生活救助、大病救助、子女助学等措施，在往年基础上提质扩面，加大帮扶力度，推动符合建档标准的困难职工建档和帮扶全覆盖，做到"应建尽建、应帮尽帮、动态管理"，把党和政府的关怀和工会组织的温暖送到困难职工的心坎上。

1.提高站位、落实责任。分工会要从讲政治的高度，充分认识困难职工帮扶工作的重要性，切实增强责任感、使命感和紧迫感，凝心聚力做好困难职工帮扶工作。

（1）建档标准。工会根据困难职工家庭收入和刚性支出因素综合评估困难程度，按照"深度困难职工、相对困难职工、意外致困职工"等类别，建立梯度困难职工档案。

深度困难职工家庭：指家庭收入扣减因病、因残、因子女上学等家庭刚性支出必要费用后，家庭人均纯收入低于当地最低生活保障标准的职工家庭。

相对困难职工家庭：指家庭收入扣减因病、因残、因子女上学等家庭刚性支出和必要就业成本后，家庭人均纯收入低于当地最低生活保障标准2倍的职工家庭。

意外致困职工家庭：指职工本人或家庭成员因突发事件、意外伤害、患重大疾病，在获得各类赔偿补偿、保险支付、社会救助和社会帮扶后，生活仍暂时有困难的职工家庭。

（2）帮扶标准。各级工会根据当地经济社会发展水平，以及帮扶对象家庭财产收入、刚性支出额度、困难类型等因素，遵循就高不就低原则，按照生活救助、医疗救助、助学救助等项目分类合理确定救助标准，并适时调整。

2.加强宣传、扩大覆盖。分工会要加大对困难职工帮扶工作的宣传力度，依托宣传阵地及职工服务中心、工会服务驿站、职工书屋、阳光家园等服务职工阵地，发挥线上媒体作用，采取线上线下相融合的方式，宣传党和政府及工会组织对困难职工的关心关爱，宣传困难职工帮扶救助等政策规定，宣传困难职工建档流程，提升困难职工帮扶民生实事的知晓率，营造工会开展困难职工帮扶良好的社会舆论氛围。

3.跟踪问效、落地落实。及时掌握了解困难职工帮扶工作动态，定期摸排职工情况，对因遭遇突发事件、意外伤害、重大疾病或其他特殊原因造成生活困难的职工家庭采取精准帮扶，保障其基本生活，帮助困难职工解困脱困。

（三）分工会持续开展送温暖

工会送温暖活动开始于1992年，是在我国经济制转轨、经济结构调整和国有企业战略性改组的背景下开展"进万家门、知万家情、解万家难、暖万家心"的送温暖活动。之后，将每年"两节"送温暖活动进一步拓展为送温暖工程，把对困难职工进行生活救助、帮助下岗职工实现再就业作为工会的一项重点工作，推动送温暖活动经常化、制度化、社会化。如今，送温暖的内涵发生了明显的变化。从送温暖的对象看，已经从最初的国企下岗困难职工扩展到所有城镇就业者中的困难群体，包括农民工。从送温暖的内容和形式看，不仅有中国传统"两节"期间向困难群体送节日慰问品，还有平时通过困难职工帮扶中心提供各种帮助。

1.送温暖工程的主要内容

（1）开展送温暖活动。

（2）完善特困职工档案制度。

（3）建立送温暖工程基金（资金）。

（4）推行领导干部联系困难职工制度。

（5）积极协助政府做好下岗失业人员再就业工作。

（6）大力开展职工互助互济活动。

（7）建立工会困难职工帮扶中心。

2.送温暖工程的创新与发展

（1）完善送温暖工程的长效机制。进一步完善困难职工档案制度，做好特困职工信息的收集和动态管理。完善送温暖的资金筹集机制。建立完善扶贫帮困的工作机制，如帮扶中心工作机制、困难职工子女助学机制、促进下岗失业人员再就业工作机制、职工大病医疗互助工作机制。

（2）注意治标与治本相结合。在实施送温暖工程的过程中，要在向困难职工提供资金和物资帮扶的同时，注意提高活动的实效性和针对性，注意从根本上解决困难职工的实际问题。

（3）做好和社会保障体系的有机衔接。政府承担着帮扶救助困难群体的主体职责，工会送温暖工程是政府社会保障制度的有效补充。各级工会组织在实施送温暖工程的过程中，一定要注意发挥政府在解决困难群众生产生活问题的主体性作用，首先要积极推动各地政府完善并落实各项社会保障政策，在此基础上立足工会特色，找准工作定位，发挥好拾遗补阙作用。工会送温暖工程在做好传统的生活救助的同时，要把工作重心从保障困难职工的基本生活转向帮扶困难职工群体摆脱贫困上来，在面向一般的

"低保"职工家庭的同时，进而面向"低保边缘职工家庭"（收入略高于低保线，但存在大病、残疾、子女上学等特殊生活困难的职工家庭），着力于为他们解决特殊生活困难问题，提高他们的自主脱贫能力。工会的送温暖工程要做到"到位而不越位"，形成对政府社会保障体系的有效补充。

（4）不断提高送温暖工程的社会影响力。一是要广泛宣传。要向社会大力宣传工会送温暖工程的意义、内容和工作成效，宣传帮扶困难职工对于构建社会主义和谐社会、实现经济社会协调发展的重大意义，动员起越来越多的社会人士和社会力量，投入对困难群体的帮扶中来，投入到工会的送温暖工程中来，形成全社会共同关爱困难职工群体的良好社会氛围。二是要打造品牌。要围绕困难职工面临的热点难点问题，精心组织，周密策划，在开展活动或项目的名称、内容、实施方案、社会宣传等方面下功夫，努力推出具有社会影响的精品活动，形成具有社会知名度的送温暖工程品牌。三是要充分利用社会资源。要拓宽视野，注意整合政府、社会各个方面的资源，广泛动员起社会力量，不断推动送温暖工程的社会化进程。

二、提高职工生活品质

（一）分工会尽力打造服务职工平台

以基层工会为载体，整合聚集多方资源，建成服务职工枢纽平台，促进社会资源和职工需求供需对接，引导社会组织为职工提供文体活动、健康管理、旅游休闲、婚恋交友、心理疏导等专业化服务，设立职工活动中心、工会驿站、爱心托班、心理咨询室、企业文化中心、职工书屋等实体项目。

（二）分工会塑造幸福生活环境

1.改善职工生产生活条件。以打造"职工食堂"为重点，全力推进职工生产生活配套设施建设，改善职工工作条件和后勤生活待遇。

2.健全职工困难帮扶机制。健全结对帮扶困难职工制度，完善困难帮扶、常态化送温暖、医疗互助、助学救助、法律援助等为主要内容的帮扶体系，在职工遇到困难、发生重大疾病和重要节假日等时点及时开展帮扶解困送温暖活动。

3.保障职工群众福利待遇。按照基层工会经费开支有关规定，建立节日慰问、生日关怀、生病探望、婚丧嫁娶关怀等慰问制度。落实加班补贴、职工带薪年休假和职工疗休养制度，建立健全异地工作、两地分居职工关爱机制等。

4.丰富职工生活资源供给。鼓励分工会自行设立寒暑期、课后子女托管班，或通过联合社会资源，积极开发生活、学习等方面的服务项目，解决职工后顾之忧。

5.建立职工健康服务体系。组织开展适合不同工作场所或工作特点的健身活动，定期组织开展职工文体活动，做好女职工特殊时期的劳动保护和关爱服务。

6.促进和谐稳定劳动关系。围绕职业成长、人际沟通、婚恋家庭等主题，定期举办心理健康讲座、文化沙龙、教育培训等形式多样的主题活动，推动企业文化建设，从而促进劳动关系和谐稳定。

（三）分工会为职工构筑"第二道"医保

分工会大力宣传职工互助保障，通过基层工会，为职工购买互助保障计划，在当地总工会设立的职工互助保障经办机构缴纳几十元至数百元的会费，就能参加各项职工互助保障活动，当参保职工出现患病或意外伤害等情况时，可获得千元至数万元不等的互助金和互助互济金。

职工互助保障是《中国工会章程》确定的工会服务职工的传统工作，是维护职工医疗健康保障权益的主要手段。职工互助保障作为公益性保障，通过20多年的发展，形成了"会员制、低成本、低缴费、非营利"的发展模式，确立了以互助保障机制为核心、兼顾困难职工救济的运行模式，构建了独具特色的管理体系和业务体系，是分工会组织广泛联系职工、贴心服务职工的工作载体，为职工筑起了风险屏障，真正有效缓解了职工和家庭的经济压力。

第三节　分工会的思想政治教育和文体工作

分工会组织要把宣教文体工作作为服务企业发展、凝聚职工士气、展示工会形象的重要方面；要在企业职工思想工作中发挥作用，彰显优势；要不断提高认识、转变观念，立足实际，创新载体，全面活跃职工文体生活；要贴近生活，创作精品，注重打造工会文化品牌；激发职工干事创业的工作热情，奏响企业文化建设的最强音。

一、分工会职工思想教育工作

职工思想政治工作是新形势下职工群众工作的重要组成部分，是推动社会主义文化建设的重要渠道和有效途径。做好新形势下职工思想政治工作，对于为实现"十四五"规划目标任务凝聚精神力量，激发工人阶级主人翁意识，充分发挥主力军作用；对于进一步推进社会主义核心价值体系建设、推动社会主义文化大发展大繁荣；对于化解社会矛盾，维护职工队伍稳定和社会和谐，巩固党的阶级基础和群众基础，具有十分重要的意义。工会十八大报告提出，强化职工思想政治引领。广泛开展理想信念、社会主义核心价值观、"四史"，"中国梦·劳动美"、"大国工匠"、"最美职工"、"万名劳模工匠宣讲的创新理论"等系列教育和活动，不断增强职工群众的政治认同、思想认同、理论认同、情感认同，筑牢亿万职工团结奋斗的共同思想基础。

（一）职工思想政治工作的总体要求

高举中国特色社会主义伟大旗帜，紧紧围绕党和国家工作大局，紧紧围绕建设社会主义核心价值体系，紧密结合企业生产经营、改革发展中心任务，坚持解放思想、实事求是、与时俱进、开拓创新，坚持党的全心全意依靠工人阶级根本方针，坚持以人为本、尊重人理解人关心人，坚持把解决思想问题与解决实际问题结合起来，贴近实际、贴近生活、贴近群众，创新内容形式、创新方法手段、创新体制机制，努力提高国有企业思想政治工作科学化水平，培养和造就有理想、有道德、有文化、有纪律的社会主义劳动者，为推动企业科学发展、促进社会和谐稳定作出新贡献。

（二）分工会职工思想政治教育工作的主要内容

1.深入学习贯彻习近平新时代中国特色社会主义思想和党的二十大精神，加强和改进职工思想政治工作

要把学习贯彻习近平新时代中国特色社会主义思想和党的二十大精神贯穿于企业思想政治工作各个方面，进一步学懂弄通做实习近平新时代中国特色社会主义思想，深刻领悟党的二十大精神，不断增强政治判断力、政治领悟力、政治执行力，不断提升分工会思想政治工作水平，切实用党的创新理论武装头脑、指导实践、推动工作、自信自强、守正创新、踔厉奋发、勇毅前行，为全面建设社会主义现代化国家、全面推进中华民族伟大复兴而团结奋斗。分工会要坚持不懈地开展中国特色社会主义理论体系宣传普及活动，用马克思主义中国化最新成果武装职工；开展理想信念教育，引导干部职工牢固树立中国特色社会主义共同理想和正确的世界观、人生观、价值观；开展以爱国主义为核心的民族精神和以改革创新为核心的时代精神教育，增强干部职工的国家意识、公民意识；开展社会主义荣辱观的宣传教育，弘扬中国工人阶级伟大品格。

2.强化形势政策教育，激励干部职工积极投身改革开放和社会主义现代化建设

要结合国际国内形势的发展变化、党和国家重大政策措施的出台，宣传我国各项事业取得的新进展新成就，分析经济社会发展面临的机遇和挑战，讲解中央的决策部署，帮助干部职工正确认识形势、准确理解党和国家的大政方针。要针对干部职工普遍关心的劳动就业、社会保障、收入分配、教育卫生、居民住房、安全生产等热点问题，把党和政府的各项政策措施讲清楚，把对人民群众的利益安排讲明白，做好解疑释惑、增进共识工作。要及时向干部职工阐释企业市场环境的新变化和企业改革发展的新任务，介绍企业发展的长远规划和实施步骤，坚定干部职工搞好企业的信心。

3.大力弘扬劳模精神、劳动精神、工匠精神，激发干部职工爱岗敬业、奉献社会的热情

伟大的事业需要伟大的精神，伟大的精神来自伟大的人民。劳模精神、劳动精神、工匠精神是中国共产党人精神谱系的重要组成部分，在新时代新征程上展现出巨大的引领价值，在激发人民力量、振奋民族精神方面发挥着重要作用。分工会加强和改进新时代职工思想政治工作，必须大力弘扬劳模精神、劳动精神、工匠精神，唱响新时代新征程"咱们工人有力量"的主旋律，进一步激发职工见贤思齐的正能量，焕发劳动奋进的精气神，引导职工群众自觉把人生理想、家庭幸福融入强国建设、民族复兴的伟业之中，争做新时代的奋斗者。要大力宣传以习近平同志为核心的党中央对工人阶级和广大劳动群众的亲切关怀、对工运事业和工会工作的高度重视，大力宣传习近平总书记对技术工人队伍的高度重视和对广大职工提高技术技能素质的殷切期望，大力宣传习近平总书记对劳动和劳动价值的充分肯定、对劳动模范和工匠人才的高度重视，引导职工坚定信仰信念、增强奋进新时代的精神力量。要发挥劳动模范、大国工匠等先进典型的示范带动作用，持续做好"最美职工""大国工匠年度人物"等劳模工匠典型的选树宣传，持续办好"劳动创造幸福""劳动最光荣""身边的大国工匠"等专栏，培育和宣传先进典型，讲好新时代新征程的劳模故事、劳动故事、工匠故事。要积极打造健康文明、昂扬向上、全员参与的职工文化，深化"工"字系列职工文化特色品牌培育工作，充分用好电影、电视、音乐、舞蹈、美术、摄影、书法等文学艺术形式，推出一批思想深刻、特色鲜明、形式多样的"工"字题材文艺作品。要组织开展分工会职工书屋主题阅读交流活动，提升职工书屋文化品质，引导职工多读书、读好书、会读书、善用书，更好满足广大职工的学习阅读需求，打造充满时代气息、提供精神养料的文化空间。

4.维护职工合法权益，增强广大职工的主人翁意识

发挥广大职工的主人翁作用是中国特色现代企业制度的内在要求，越是深化企业改革，越要始终贯彻全心全意依靠工人阶级的方针，尊重职工群众主体地位，依法保障职工政治权益、经济权益、文化权益、劳动权

益，努力形成企业和职工利益共享机制，建立和谐劳动关系。要坚持和完善以职工代表大会为基本形式的民主管理制度，建立和完善职工董事、职工监事制度，实行企务公开，组织职工参与民主管理，建立健全利益协调机制、诉求表达机制、矛盾调处机制、权益保障机制、职工工资正常增长和支付保障机制，确保企业改革发展成果惠及全体职工。要积极探索贴近职工、服务职工的新途径新办法，立足企业长远发展，结合职工个人实际，帮助职工做好职业生涯规划，为职工发挥聪明才智创造条件，实现职工与企业共同发展。要关心职工疾苦、倾听职工呼声，多办暖人心、稳人心的好事实事，满足职工改善生产环境、加强劳动保护、提高生活待遇等方面的合理要求，在解决实际问题的过程中解决好思想问题。

5.注重人文关怀和心理疏导，引导干部职工用正确方式处理人际关系、表达利益诉求

要高度重视和密切关注干部职工多方面心理感受和情绪反应，根据不同群体的特点，开展心理健康教育，健全心理咨询网络，提供及时有效的心理咨询服务，引导干部职工正确对待自己、他人和社会，正确对待困难、挫折和荣誉，培育奋发进取、理性平和、开放包容的社会心态。要加强心理危机干预工作，妥善应对重大心理危机事件。大型国有企业要建立心理咨询机构。农民工是企业职工队伍的重要组成部分，要给予他们更多的关心关爱，维护他们的合法权益，丰富他们的精神文化生活，提高他们的自我保护能力，不断增强他们对企业的归属感和认同感。要积极做好对劳务派遣人员、海外员工和困难职工等群体的人文关怀和心理疏导工作。

（三）分工会开展职工思想政治教育工作的有效途径

分工会在做好职工思想政治工作方面具有天然的优势。

第一，群众优势。分工会干部和积极分子来自职工群众，工作、生活在群众之中，和群众有着直接和密切的联系。他们非常熟悉群众生活，了解群众的思想动态变化，能够全心全意地为群众谋利益，赢得了群众的尊重和信任。

第二，职能优势。工会历来具有维护、建设、参与和教育的职能。工会的维护职能赋予了分工会组织和工会干部替职工群众说话、办事的权

利。分工会可以理直气壮地替职工群众说话，帮职工群众办事，为职工群众排忧解难。因此，工会具有强大的凝聚力和吸引力，职工信任工会，愿意参加工会组织的宣传教育活动。工会的教育职能赋予了工会组织和工会干部以各种职工喜闻乐见的形式进行思想政治觉悟教育的权利。

第三，经费优势。工会组织有着法律规定的活动经费，资产财务相对独立。因此，分工会有条件开展丰富多彩的活动，增强职工思想政治工作的趣味性和吸引力。

那么，新时代分工会如何做好职工的思想政治工作呢？

1.开展形式多样的主题教育

职工主题教育是以活动为载体，在职工中开展的一种专题性教育实践活动。这类活动要紧密围绕党的中心工作和重大任务，围绕工会工作的全局，要具有鲜明的主题。组织职工群众参与其中，寓教于具体活动，寓教于职工实践，有利于职工在实践中深化对主题的认识和理解。主题教育直观、具体、生动、感性，是深化和创新职工思想政治教育工作的重要手段。

2.以群众性精神文明创建活动为重要载体

群众性精神文明创建活动是对职工群众进行思想政治教育、提高职工文明程度的有效途径。由于创建活动思想主题鲜明，能够较好地体现职工群众的共同理想、共同信念和共同利益，具有较强的号召力和吸引力；创建活动源于基层、贴近职工生活实际，有利于职工群众在参与中得到实惠，感受到党和国家的温暖，使职工群众增强对党和国家的信任；创建活动具有职工喜闻乐见、丰富多彩的特点，能够吸引职工群众广泛参与，使职工在参与中实现自我服务、自我管理、自我教育。

3.重视和发挥先进文化的教育功能

精神产品和社会文化生活对职工群众的思想观念、道德情操有着潜移默化的作用。先进文化承载着思想政治教育的基本内容，体现了思想政治教育的基本要求。图书、报纸杂志、音像制品、文艺演出等，都是实现以优秀的作品鼓舞人的重要方式。要充分发挥分工会文化教育阵地的功能作用，弘扬主旋律，提倡多样化，促进优秀精神文化产品的生产，广泛开展丰富多彩、健康有益的职工文化教育活动。

4.注重运用先进典型影响带动职工群众

新时代涌现出来的先进集体和先进人物，体现了时代精神，是职工群众的楷模。要采取多种形式，大力宣传他们的感人事迹和高尚品质。分工会要注意发现和总结推广职工的先进典型，使职工学有榜样，赶有目标，在全社会形成崇尚先进、学习先进、争当先进的良好风气。

5.运用互联网、手机等新兴媒体引导网络舆论，增强新形势下职工思想政治工作的针对性实效性

当前，网络等新兴媒体已逐渐成为职工群众学习、交流、工作的重要工具。要以新兴媒体为重要载体，提高运用新兴媒体能力，加强工会网宣、网评队伍建设，打造一支强大的"网络大军"，牢牢掌握网络舆论阵地的主动权和话语权，积极引导舆论。要利用新兴媒体组织开展网上劳动模范、重大主题宣传活动和网上文化活动，推动工会网络媒体与传统媒体良性互动，以正面宣传抵制负面炒作，以正面信息堵截负面信息。要加强对门户网站论坛、博客、微博等网络空间职工思想动态监测，及时研判舆情，引导职工正确辨别网络信息，做好反映诉求、解疑释惑、疏导情绪工作。

二、分工会职工文化技术教育工作

（一）分工会职工文化技术教育工作的目标

倡导人人学习、终身学习的理念，营造和形成浓厚的学习氛围和学习风气，使学习成为职工工作和生活的重要内容；在学习型组织的建设中，积极推动职工教育培训体系和培训机制的建立与完善，最大限度地挖掘工会系统文化教育资源，充分发挥工会在职工教育中的重要作用；以学习能力、职业技能和技术创新能力为重点，加强教育培训，推动创建一大批学习型组织，培养数以千万计的知识型职工，为"造就数以亿计的高素质劳动者、数以千万计的专门人才和一大批拔尖创新人才"目标的实现作出应有的贡献。

（二）分工会职工文化技术教育工作的主要内容

一是参与职工教育管理和监督，维护和保障职工的学习权利。这是党

和国家在新的历史时期赋予工会的权利和义务，是分工会组织的一项重要职责，也是在职工教育领域落实全心全意依靠工人阶级指导方针的具体措施。

二是办好工会各类职工学校。工会职工学校和职业培训机构是工会履行教育职能、密切联系职工群众、扩大工会影响、提高职工队伍素质的重要场所。各主办、承办工会要负责加强对学校的指导和管理，明确办学方向，制定办学方针，创新办学模式，拓宽办学渠道，不断改善办学条件，提高教学质量，使工会各类职工学校在履行工会教育职能中发挥"大学校"的作用。

三是组织开展全国"创建学习型组织，争做知识型职工"活动。这个活动是新形势下培养造就"四有"职工队伍，全面提高职工队伍素质，发挥工人阶级全面建成小康社会主力军作用的重要举措。大力营造学习氛围，激发广大职工勤奋学习，鼓励支持职工读书学习，为职工学习成才构筑平台，不断提高广大职工的学习能力、实践能力和创新能力。

（三）分工会开展职工文化技术教育工作的方法

一是把职工文化技术教育列入国家、政府国民教育的内容。

二是把职工文化技术教育纳入基层职工教育的职责范围。

三是办好工会各类职工学校。

四是开展读书自学、岗位成才、技术创新、岗位练兵、技术比武等群众性学习培训活动。

五是配合行政部门开展岗位技能培训活动。

六是积极协助政府和企业对转岗失业职工进行再就业培训和创业培训，并不断加大培训工作力度。

三、分工会职工文化体育工作

（一）分工会职工文化工作的特点和主要任务

1.分工会职工文化工作的特点

（1）职工对文化活动的需求呈现为多元化和多层次的趋势。由于职工的价值观念、审美意识、欣赏水平、兴趣爱好等发生了较大的变化，职工对文化活动更注重于自我个性的体现，如有的喜欢看电影，有的喜欢看演出，还有的喜欢上网、看电视、书画、摄影、收藏、健身、棋牌、卡拉OK、跳舞、烹饪等，而且不同层次收入的职工对文化需求的支出也大不相同。

（2）职工文化活动更加群众化。由于受到企业经济效益的制约，过去流行的一些文化活动形式已大为减少，现在不少分工会以协会和兴趣小组为依托，坚持业余、自愿的原则，自己组织、自愿参加、自行解决经费，通过采用小型多样的形式，积极开展职工文化活动，吸引职工群众广泛参与。

（3）职工文化和企业生产经营的联系更加紧密。"文化搭台，经济唱戏"不但塑造了企业形象，扩大了企业的社会影响和知名度，而且调动了职工参与的积极性，激发了他们的竞争意识、主人翁意识，推动了企业经营管理，提高了企业的经济效益。

2.分工会职工文化工作的主要任务

（1）积极传播和弘扬具有时代特征和工会特色的先进文化，充分发挥示范导向作用，根据企业职工群众不同层次的精神文化需求，开展丰富多彩的职工文化活动，倡导健康文明的生活方式，满足职工群众日益增长的精神文化需求。

（2）遵循社会主义精神文明建设的特点和规律，适应社会主义市场经济发展的要求，以发展为主题，以体制创新为重点，面向职工、面向市场，加强工会文化阵地建设，配合基层工会稳步推进工人文化宫俱乐部、职工书屋等工会文化阵地的改革和发展，坚持把社会效益放在首位，努力实现社会效益和经济效益的统一。

（3）精心策划和打造职工文化品牌，创作和生产更多的优秀文化产品，鼓舞和激励职工，不断提高职工群众的思想境界和精神追求，扩大职工文化的社会影响力和感召力。

（4）树立新的文化发展观，配合基层工会探索建立新形势下运行有序、促进发展的管理体制和运行机制，积极探索发展工会文化事业的新路子，明确职能、强化管理，整合资源、盘活资产、优化配置、增强活力、增强工会文化事业的实力和市场竞争力。

（5）培养职工积极分子队伍，广泛动员职工力量，以多姿多彩的职工文化活动为手段，以先进的企业文化理论为指导，用丰富的文化活动凝聚职工，促进企业与职工共同发展。

（二）职工体育工作的工作方针和主要任务

1.职工体育工作的工作方针

坚持为职工服务，为工运事业服务，为社会主义建设服务的方向，顺应广大职工不断增长的体育健身需求，坚持普及与提高相结合、大型与小型相结合、集中与分散相结合、阶段性和经常性相结合、传统与创新相结合，实现群众性体育和示范性活动协调发展和相互促进，以改革促发展，努力形成职工群众广泛参与、充满发展活力的运行机制，推动职工体育工作不断健康、快速地发展。

2.职工体育工作的主要任务

（1）以全民健身为目标，充分调动职工群众参与体育活动的积极性，因地制宜，开展丰富多彩的职工体育活动，引导职工掌握正确的健身方式和知识，最大限度地满足广大职工的体育健身需求，使经常参加体育活动的职工人数有所增长、职工参加体育健身活动的时间逐步加大、职工体质明显增强，使健康文明的体育健身活动成为职工群众普遍接受的一种生活方式。

（2）积极探索对工会现有资源充分利用、合理整合、增强实力的新途径，不断提高分工会文化体育设施的综合服务功能，改善职工体育健身的条件与环境，为职工群众参加体育健身活动提供必要的设施和良好的服务。

（3）健全职工体育活动组织，依托职工文化体育协会，广泛动员和借助企业力量与资源，积极推进职工体育工作运行机制的创新，深入实际，研究新情况新问题，努力开发职工体育无形资产，积极尝试、努力培育职工体育市场，增强职工体育发展的动力和后劲。

（4）制定分工会职工体育工作发展规划，举办好职工体育赛事，精心策划和打造职工体育活动品牌，扩大职工体育工作的社会影响力和社会覆盖面，提升职工体育工作的水平，实现职工体育工作的全面协调、可持续发展，不断开创职工体育工作的新局面。

（三）职工文体活动对企业文化建设的重要作用

职工文化体育活动是企业文化塑造的重要载体。通过丰富多彩的职工文体活动能够有效地发挥教育、引导、激励、促进的作用，使企业精神、价值理念、发展目标、规章制度内化为职工的自觉行为，从而不断推动企业文化建设。

1.职工文体活动有利于增强企业团队精神

团队精神是企业文化的核心，也是企业最为看重的价值理念。在社会生活中，每个人都是独立的个体，都在自觉不自觉地通过自己的价值观念、思维方式来评价事物、处理问题，而组织强调更多的是集体主义观念和行为。文化活动具有目的的统一性、动作的协调性、整体的合作性、信息的沟通性，文化活动的集体性质要求每个员工在参与活动的过程中必须放弃狭隘的个人偏见，树立集体主义思想；用集体规则规范个人行为，服从集体目标，达到统一和谐。职工文化活动的这种性质有利于培养职工团队精神，增强职工集体荣誉感，进而形成团结协作、拼搏进取的集体主义精神和企业凝聚力。

2.职工文体活动有利于提高企业凝聚力

丰富多彩的文体活动是企业文化的一种展示，是展现企业风貌、增强员工体质、活跃业余生活、激发员工挑战性、提升企业凝聚力、增进企业文化建设工作的有效载体。通过文化活动，员工之间可以减少摩擦、缓解矛盾，进而产生信赖，密切合作，潜移默化地增强广大员工的向心力。而且职工文体活动可以满足不同年龄、不同层次、不同爱好者的需求，广大职工的专长、个性可以在群众性文化活动中得以充分地体现。通过这些生机勃勃、丰富多彩的文体活动，可以极大地激发职工工作热情，增强主人翁意识，提高职工的企业归属感，真正为企业的发展增添内在活力。

3.职工文体活动有利于塑造企业和谐文化

企业和谐是企业发展的根本，一个先进的企业文化必然是和谐的企业文化，是企业与职工和谐相处、共谋发展的文化。职工文体活动有着丰富多彩的内容和形式，它在陶冶职工情操、塑造职工健康心态方面发挥着重要作用。企业职工文体活动开展得好坏，对构建和谐企业具有十分重要的作用。文体活动可以活跃职工生活，舒缓职工工作压力，培养职工的健康阳光心态，营造和谐向上的企业文化，同时，员工们在参加各种活动时，其潜在的意志品质和思想作风最容易真实地表现出来，可以有针对性地多方面培养员工良好的思想道德、坚忍的意志品质，培养自觉遵守纪律、顾全大局的优良作风。

开展群众性职工文化体育活动应把握三个主题：一要突出思想性。社会主义核心价值体系是兴国之魂，是社会主义先进文化的精髓。建设企业文化，就要始终坚持社会主义核心价值体系建设。要通过各种形式的学习教育活动，用科学理论武装全体职工的头脑，坚持用先进文化指导职工文化建设，教育培养职工坚定社会主义信念，引导职工发扬工人阶级团结友爱、顾全大局、艰苦创业、勇于奉献、爱岗敬业、遵纪守法的优良传统。二要注重群众性。职工是企业的主人，在企业文化塑造中，要坚持以职工为本，尊重职工的主体地位。要针对职工当前心理需求和精神文化的需要，广泛开展适合职工特点、丰富多彩的职工文体活动，着力满足职工日益增长的物质、精神文化需求；要把教育人、引导人、鼓舞人与尊重人、理解人、关心人结合起来，创造平等交流、民主讨论、尊重差异、包容多样的氛围，引导职工自我学习，自我提高，调动广大职工的积极性和创造性，以达到增强企业的凝聚力和向心力的目的。三要体现时代性。当前，职工的业余文化生活日益多样化，传统的职工文体活动已经不能满足职工需求。这就要求我们在开展职工文体活动时，把握信息时代特点，与时俱进地采取职工乐于接受的方式，用丰富多彩、富有时代气息的职工文体活动，使职工文体活动更好地发挥育人功能，推进企业文化建设。

实践证明，文体活动作为企业文化建设的重要组成部分，在企业改革发展中发挥的作用是不可替代的，开展丰富多彩、形式多样、内容健康、活泼向上的职工文化活动，使广大干部职工在活动中展现风采，在歌舞中抒发情怀，在竞赛中锻炼意志，在观赏中提升境界，对促进企业文化建设、助推企业和谐发展无疑具有重要的意义。

 案例

如何加强国有企业职工思想政治教育工作

国有企业职工思想政治工作是增强全厂凝聚力、向心力、增强职工主人翁意识和积极性、主动性的有力武器，要以党建带工建，多措并举，不断提高职工队伍整体素质，营造安全、高效、稳定的和谐工作局面。

具体工作中，我们做法是：建立完善"一和模式"，突出一个重点。坚持建立完善一种模式，即政治思想工作坚持党政工团齐抓共管，"管人、管事、管思想"三管齐下，一岗双责的模式。突出一个重点，即重点做好一人一事的政治思想工作。通过近年来的工作，我们深深地体会到：

一、做好思想政治工作，要注重教育引导

思想是行动的先导，思想决定行动。思想政治工作是"生命线"，是"中心环节"，是政治优势，是一门科学，也是一项群众性工作。如何将思想政治工作落到实处，贯穿工作始终，充分发挥思想政治工作的政治优势，提高职工队伍的素质，稳定职工队伍，促进各项工作的和谐发展，是我们思想政治工作的落脚点。我们重点做了三个方面的工作：一是坚持政治学习制度。在党支部的带领下，突出抓好党的理论、党的路线方针政策等方面的学习，学习做到"五有三结合"，即要有计划、有内容、有记录、有笔记、有体会，要结合形势、结合工作实际、结合职工思想实际。加强形势任务教育，引导干部职工认清公司面临的新机遇、新形势，特别是面临的安全生产压力，要立足岗位，坚定信心，努力做好本职工作。二是坚持开展"学、创、讲、评树"活动，引导广大职工学标准、学技能、学先进，创新、创效、创佳绩，讲艰苦工作经历，讲身边感人故事，讲先模事迹，评工作业绩，评先模人物，评星级车间。三是根据工作实际和特点，认真组织开展岗位练兵，技术比武活动；职工轮岗学习，多学多练，争当多面手，能够独立操作和处理问题，培养越来越多的职工成为一专多能的复合型人才。四是搞好民主管理，发挥职工的聪明才智。凡是重大问题，管理机制等事项，必须经职工代表讨论审议民主决策。

二、做好政治思想工作，要主动交流了解

了解职工的思想，掌握职工的心理，体察职工的需求，真正"读懂"职工，是做好职工思想政治工作的前提。工作中我们要求工会委员、小组长要做到三个知道：知道不同岗位职工的思想动态；知道一个时期职工关心的热点、难点问题和职工在"想什么、盼什么、怨什么"；知道不同岗位的重点人、重点事。生活中知道职工的婚丧嫁娶需不需要帮助，知道职工的家庭有没有困难需不需要关心，知道职工的邻里、同事间有没有矛盾需不需要解决。只有做到三个知道，才能采取有针对性的措施，做好一人一事的思想政治工作。在职工中形成和谐团结、风正气顺、人心思上、人心思进的良好氛围。

三、做好政治思想工作，要善于化解矛盾

随着公司的改革发展，各种新旧思想观念交融并存，从而引发了诸多矛盾和纠纷。实践证明，光靠简单的说教已经不能适应思想政治工作的需要，而与之相适应的是要真正"读懂人"，要寻根溯源，对症下药，采取有针对性措施。

做好政治思想工作，化解矛盾。只有从提高职工素质入手，创新载体，发动职工、服务职工、凝聚职工，使职工对我们党的路线、方针、政策和矿区的文件精神真正理解、真诚支持，才能推动各项工作不断发展。只有诚心实意为职工做好事、办实事、解难事，在服务职工中教育职工，才能把思想政治工作渗透到职工心中。近一个时期以来，分工会通过各种渠道，掌握了职工反映的热点、难点问题，集中精力加以解决，使职工在矛盾化解中悟出道理，在问题解决中受到教育，增强对党组织的信任，使思想政治工作更具实效性。比如，职工的乘车、就餐、洗澡、饮水、休息、工作环境等问题，通过向分公司积极反映并配合相关单位都得到一一解决，职工都非常满意。

四、做好政治思想工作，要运用典型激励

"榜样的力量是无穷的。"先进典型，是走在职工队伍最前列的排头

兵。就像一面旗帜在前面引路，其一言一行、一举一动，成为广大职工注视的焦点，会起到一定的榜样示范作用，从而使广大职工学有榜样，赶有方向。我们在日常工作中，一是注重培养典型。把在不同岗位上的能人、尖子有意进行重点培养，挖掘他们的潜能，发挥他们的骨干作用。二是注重发现典型。把日常工作中默默无闻、任劳任怨的职工挖掘出来，弘扬他们的老黄牛精神。三是注重宣传典型。作为先进典型，都有着优异的成绩，感人的事例。对此，我们以各种形式大张旗鼓地宣传先进典型的模范事迹，让典型真正亮起来，香起来，响起来。正是由于先进典型对广大职工的影响力和感召力，职工队伍的荣誉感、归属感和使命感不断增强，才使得企业的各项工作不断提高，我们的工作环境、企业形象才越来越好。

参考资料及说明

[1] 《中华人民共和国专利法》根据 2020 年 10 月 17 日第十三届全国人民代表大会常务委员会第二十二次会议《关于修改〈中华人民共和国专利法〉的决定》第四次修正，本书中简称《专利法》。

[2] 《中华人民共和国公司法》根据 2018 年 10 月 26 日第十三届全国人民代表大会常务委员会第六次会议《关于修改〈中华人民共和国公司法〉的决定》第四次修正，本书中简称《公司法》。

[3] 《中华人民共和国全民所有制工业企业法》根据 2009 年 8 月 27 日第十一届全国人民代表大会常务委员会第十次会议《关于修改部分法律的决定》修正，本书中简称《企业法》。

[4] 《中华人民共和国治安管理处罚法》根据 2012 年 10 月 26 日第十一届全国人民代表大会常务委员会第二十九次会议《关于修改〈中华人民共和国治安管理处罚法〉的决定》修正，本书中简称《治安管理处罚法》。

[5] 《中华人民共和国职业病防治法》根据 2018 年 12 月 29 日第十三届全国人民代表大会常务委员会第七次会议《关于修改〈中华人民共和国劳动法〉等七部法律的决定》第四次修正，本书中简称《职业病防治法》。

[6] 《中华人民共和国安全生产法》根据 2021 年 6 月 10 日第十三届全国人民代表大会常务委员会第二十九次会议《关于修改〈中华人民共和国安全生产法〉的决定》第三次修正，本书中简称《安全生产法》。

[7] 《中华人民共和国产品质量法》根据 2018 年 12 月 29 日第十三届全国人民代表大会常务委员会第七次会议《关于修改〈中华人民共和国产品质量法〉等五部法律的决定》第三次修正，本书中简称《产品质量

法》。

[8] 《中华人民共和国工会法》根据 2021 年 12 月 24 日第十三届全国人民代表大会常务委员会第三十二次会议《关于修改〈中华人民共和国工会法〉的决定》第三次修正，本书中简称《工会法》。

[9] 《中华人民共和国妇女权益保障法》2022 年 10 月 30 日第十三届全国人民代表大会常务委员会第三十七次会议修订，本书中简称《妇女权益保障法》。

[10] 《中华人民共和国劳动法》根据 2018 年 12 月 29 日第十三届全国人民代表大会常务委员会第七次会议《关于修改〈中华人民共和国劳动法〉等七部法律的决定》第二次修正，本书中简称《劳动法》。

[11] 《中华人民共和国劳动合同法》根据 2012 年 12 月 28 日第十一届全国人民代表大会常务委员会第三十次会议《关于修改〈中华人民共和国劳动合同法〉的决定》修正，本书中简称《劳动合同法》。

[12] 《中华人民共和国社会保险法》根据 2018 年 12 月 29 日第十三届全国人民代表大会常务委员会第七次会议《关于修改〈中华人民共和国社会保险法〉的决定》修正，本书中简称《社会保险法》。

[13] 《中华人民共和国刑法》2020 年 12 月 26 日第十三届全国人民代表大会常务委员会第二十四次会议通过的《中华人民共和国刑法修正案（十一）》修正，本书中简称《刑法》。

[14] 《中华人民共和国劳动争议调解仲裁法》2007 年 12 月 29 日第十届全国人民代表大会常务委员会第三十一次会议通过，本书中简称《劳动争议调解仲裁法》。

[15] 《中国工会章程》中国工会第十八次全国代表大会部分修改，2023 年 10 月 12 日通过。

[16] 《失业保险条例》1999 年 1 月 22 日中华人民共和国国务院令第 258 号发布自发布之日起施行。

[17] 《工伤保险条例》根据 2010 年 12 月 20 日《国务院关于修改〈工伤保险条例〉的决定》修订。

[18] 《企业工会工作条例》2006 年 12 月 11 日中华全国总工会第十四届执

行委员会第四次全体会议通过。

［19］《工会基层组织选举工作条例》总工发〔2016〕27 号。

［20］《工会基层组织选举工作条例》总工发〔2019〕6 号。

［21］《女职工劳动保护特别规定》2012 年 4 月 18 日国务院第 200 次常务会议通过 2012 年 4 月 28 日中华人民共和国国务院令第 619 号公布自公布之日起施行。

［22］《集体合同规定》2004 年 1 月 20 日劳动保障部令第 22 号公布自 2004 年 5 月 1 日起施行。

［23］《企业民主管理规定》中共中央纪委、中共中央组织部、国务院国有资产监督管理委员会、监察部、中华全国总工会、中华全国工商业联合会于 2012 年 2 月 13 日印发。

［24］《工资集体协商试行办法》中华人民共和国劳动和社会保障部令第 9 号。